Fundamenta Juris Publici

herausgegeben von
Matthias Jestaedt, Anna-Bettina Kaiser
und Alexander Somek

14

Fabian Michl

Die Sprachen der Staatsrechtslehre – jenseits der Dogmatik

mit Kommentaren von
Andreas Voßkuhle und Aurore Gaillet

Mohr Siebeck

Fabian Michl, geb. 1988, war von 2021 bis 2026 Juniorprofessor für Öffentliches Recht und das Recht der Politik an der Universität Leipzig und ist seit 2026 Professor für Öffentliches Recht an der Albert-Ludwigs-Universität Freiburg i.Br.

Andreas Voßkuhle, geb. 1963, ist seit 1999 Professor für Öffentliches Recht an der Albert-Ludwigs-Universität Freiburg i.Br.; von 2008 bis 2020 war er Richter des Bundesverfassungsgerichts, von 2008 bis 2010 dessen Vizepräsident und von 2010 bis 2020 dessen Präsident.

Aurore Gaillet, geb. 1981, ist seit 2014 Professorin für Öffentliches Recht an der Université Toulouse I Capitole.

Zitierbeispiel:
Aurore Gaillet, Mit und jenseits der Dogmatik. Eine deutsch-französische Perspektive auf verschiedene Denkweisen im Öffentlichen Recht, in: Fabian Michl, Die Sprachen der Staatsrechtslehre – jenseits der Dogmatik, Tübingen 2026 (FJP 14), S. 55–86 (67).

ISBN 978-3-16-200781-0 / eISBN 978-3-16-200782-7
DOI 10.1628/978-3-16-200782-7
ISSN 2194-8364 / eISSN 2569-3948 (Fundamenta Juris Publici)

Die Deutsche Nationalbibliothek verzeichnet diese Publikation in der Deutschen Nationalbibliographie; detaillierte bibliographische Daten sind im Internet über *https://dnb.dnb.de* abrufbar.

Satz: Martin Fischer, Tübingen. Gedruckt auf alterungsbeständiges Werkdruckpapier.

Mohr Siebeck GmbH & Co. KG, Wilhelmstraße 18, 72074 Tübingen, Deutschland
www.mohrsiebeck.com, info@mohrsiebeck.com

Vorwort der Herausgeber

Fundamenta Juris Publici (FJP) ist die Schriftenreihe des Gesprächskreises „Grundlagen des Öffentlichen Rechts“, der sich 2011 als Sektion der Tagung der Vereinigung der Deutschen Staatsrechtslehrer konstituiert hat. Die grundsätzlich im Jahresrhythmus erscheinenden Bände dokumentieren den in der Sektionssitzung gehaltenen Vortrag und die beiden dazu abgegebenen Kommentare. Der Reihentitel bekräftigt den Anspruch des Kreises, das wissenschaftliche Gespräch auf die „Grundlagen“ zu konzentrieren: auf die ideen-, verfassungs- und verwaltungsgeschichtlichen, die rechts-, sozial- und staatsphilosophischen sowie die rechtstheoretischen, -dogmatischen und -soziologischen Fundamente des ius publicum.

Der hier vorliegende Band dokumentiert das 14. „Grundlagen“-Gespräch anlässlich der Salzburger Staatsrechtslehrertagung im Oktober 2025. Von der Beobachtung ausgehend, dass die Dogmatik als die für die deutsch(sprachig)e Rechtswissenschaft im Allgemeinen und die Staatsrechtslehre im Besonderen kennzeichnende „Sprache“ gilt, widmeten sich die Überlegungen der Frage, ob und, wenn ja, welche andere „Sprachen“ und in welcher Weise neben der Dogmatik oder in Bezug darauf Verwendung fänden. Das Hauptreferat von Fabian Michl, Leipzig (nunmehr Freiburg i. Br.), kommentierten Andreas Voßkuhle, Freiburg i. Br., und Aurore Gaillet, Toulouse. Die sich an die Vorträge anschließende Diskussion war ebenso lebhaft wie kontrovers.

Freiburg i. Br., Berlin und Wien, im Mai 2026	Matthias Jestaedt Anna-Bettina Kaiser Alexander Somek

Inhaltsverzeichnis

Aurore Gaillet

Mit und jenseits der Dogmatik. Eine deutsch-französische Perspektive auf verschiedene Denkweisen im Öffentlichen Recht

Die Sprachen der Staatsrechtslehre – jenseits der Dogmatik

Fabian Michl

I. Sprachlosigkeit jenseits der Dogmatik?

Wer sich die überragende Bedeutung der Dogmatik für das Selbstverständnis der deutschen Rechtwissenschaft vor Augen führt, mag daran zweifeln, dass die Staatsrechtslehre als die öffentlich-rechtliche Subdisziplin der Rechtswissenschaft über Sprachen jenseits der Dogmatik verfügt. Gewiss, es gibt die philosophischen, historischen und soziologischen Grundlagenfächer. Doch zeigen schon die Adjektive, dass es sich bei ihnen nicht um Sprachangebote handelt, die die Staatsrechtslehre für sich allein reklamieren könnte. Die Grundlagenfächer lassen sich ebenso gut anderen Disziplinen zuordnen: der Philosophie, der Geschichtswissenschaft und den Sozialwissenschaften.

Dennoch verfügt die Staatsrechtslehre über Sprachen jenseits der Dogmatik, die sie nicht mit anderen Wissenschaftsdisziplinen teilt, über Sprachen, die zwischen dem monodisziplinären Gespräch der Dogmatik und den interdisziplinären Gesprächen der Grundlagenfächer vermitteln, die dogmatische und Grundlagendiskurse verbinden. Trotz der „verdrängende[n] Präsenz der Dogmatik“[1] ist die Staatsrechtslehre also jenseits des dogmatischen Gesprächs nicht sprachlos, sondern sprechfähig – das zumindest ist die These, die ich im Folgenden begründen möchte. In einem ersten Schritt frage ich, wo überhaupt jenseits der Dogmatik Gesprächsbedarf besteht (II). Sodann möchte ich eine Auswahl an Gesprächsthemen präsentieren, die in diesem gedachten Raum besonders relevant sind (III). Ich will die Sprachangebote identifizieren, die die Staatsrechtslehre dafür für diesen Gesprächsraum bereithält (IV). Abschließend möchte ich – knapp – die Anforderungen an die Sprechfähigkeit jenseits der Dogmatik ausloten, also nach den Sprachkompetenzen fragen, die bei einer Teilnahme an den Gesprächen der Staatsrechtslehre vorausgesetzt werden (V).

Vorab ist es zweckmäßig, einige Prämissen offenzulegen, weil es im Folgenden nicht um wissenschafts-

[1] *W. Brohm*, Kurzlebigkeit und Langzeitwirkung der Rechtsdogmatik, in: M.-E. Geis/D. Lorenz (Hrsg.), Staat, Kirche, Verwaltung. Festschrift für Hartmut Maurer zum 70. Geburtstag, 2001, S. 1079.

philosophische Letztbegründungen gehen kann, sondern nur um einen bescheidenen Versuch, sich Anspruch und Wirklichkeit der Staatsrechtslehre anhand der Metapher von ihren „Sprachen" zu nähern. Die erste Prämisse ist damit schon benannt: Die Rede von den „Sprachen" der Staatsrechtslehre, ihren Gesprächen, Gesprächsthemen, Gesprächsräumen etc. ist eine metaphorische. Metaphern machen abstrakte Erwägungen greifbar, können aber auch Missverständnisse hervorrufen. Einem möglichen Missverständnis sei vorab begegnet: Es geht bei der Ausdifferenzierung ihrer Gesprächsthemen und Sprachangebote nicht um eine Zerlegung der Staatsrechtslehre in getrennte Diskursräume, die unverbunden nebeneinanderstünden: etwa den Diskursraum der „Dogmatiker" und den Diskursraum der „Theoretiker". Im Gegenteil: Es geht darum, die deutsche Staatsrechtslehre als Einheit, als die eine Wissenschaft vom öffentlichen Recht mit ihrer eigenen wissenschaftlichen *community*,[2] zu begreifen, die gerade wegen dieses holistischen Anspruchs verschiedene Sprachen pflegen muss, um die von ihr bearbeiteten Phänomene adäquat erfassen zu können.[3] Damit steht zugleich fest, dass sich die disziplinären Sprachen der

[2] Vgl. *M. Jestaedt*, Die deutsche Staatsrechtslehre im europäisierten Rechtswissenschaftsdiskurs, JZ 2012, 1 ff.; *C. Schönberger*, Der „German Approach", 2015; *F. Reimer*, Fragmentierungen im Öffentlichen Recht, VVDStRL 77 (2018), 413 (415 ff.); *M. Fromont/A. Gaillet*, Die Vereinigung der Deutschen Staatsrechtslehrer als Garant der einheitlichen Wissenschaft vom Öffentlichen Recht, in: P. Cancik u.a. (Hrsg.), Streitsache Staat, 2022, S. 893 ff.

[3] Von der Einheit der wissenschaftlichen *community* zu unterscheiden ist die differenzierend zu beantwortende Frage nach der Einheit des öffentlichen Rechts; dazu *D. Grimm*, Das Öffentliche Recht vor der Frage nach seiner Identität, 2012, S. 48 ff.

Staatsrechtslehre nicht nach Sprechern oder Sprecherrollen unterscheiden lassen: Denn die Sprecher sind als Staatsrechtslehrerinnen und Staatsrechtslehrer alle Angehörige derselben *community*, die sich untereinander verständigen können müssen. Es geht mir also nur um die Verständigung unter Wissenschaftlern. Die Praxis bleibt außen vor, denn sie ist Gegenstand, nicht Teilnehmerin der Staatsrechts*lehre*. Das schließt nicht aus, dass sich Staatsrechtslehrerinnen rechtspraktisch betätigen. Doch sprechen sie dann gerade nicht die Sprachen der Staatsrechtslehre, sondern die Sprachen der rechtsberatenden, rechtsgestaltenden oder rechtsprechenden Praxis.[4]

Worum es im Folgenden ebenfalls nicht gehen soll, obwohl der Gesprächsbedarf dazu nach wie vor hoch zu sein scheint,[5] ist eine Klärung des Begriffs der Rechtsdogmatik. Schon der Titel macht deutlich, dass es um die Sprachen der Staatsrechtslehre *jenseits* der Dogmatik gehen soll. Das setzt zwar eine Arbeitsdefinition von Rechtsdogmatik voraus (s.u., II.1), die aber nicht mehr ist als eine zweckrationale Setzung. Sie dient allein dem Erkenntnisziel, die Vielfalt der Sprachen der Staatsrechtslehre aufzuzeigen. Wer die Setzung anders trifft, wird immer noch eine Sprachenvielfalt vorfinden, diese aber möglicherweise anders beschreiben. Nur wer Rechtsdogmatik und Rechtswissenschaft, öffentlich-rechtliche Dogmatik und Staatsrechtslehre in eins setzt, wird keine weiteren Sprachen mehr vorfinden, sich dann aber fragen müssen,

---

[4] Vgl. zum verwandten Phänomen des „Rechtswissenschaftler-Intellektuelle[n]" *J. F. Lindner*, Rechtswissenschaft als Metaphysik, 2017, S. 11 ff.

[5] Den Eindruck hinterließ bei mir jedenfalls die Diskussion über den Vortrag, auf den dieser Text zurückgeht.

ob diese dogmatische Monotonie die Staatsrechtslehre im 21. Jahrhundert adäquat beschreibt.

II. Gesprächsbedarf jenseits der Dogmatik

Die Staatsrechtslehre hat Gesprächsbedarf jenseits der Dogmatik. Doch was ist und wo liegt dieses „Jenseits"? Klar ist nur, dass es sich nicht um die Dogmatik selbst handelt. Räumlich – und damit erneut metaphorisch – gesprochen liegt das „Jenseits der Dogmatik" auf der anderen Seite einer gedachten Grenze. Aber erstreckt es sich von dort bis in die thematische Unendlichkeit? Wenn dem so wäre, würden wir in einer babylonischen Sprachverwirrung enden. Eine weitere Grenzziehung ist also geboten. Sie orientiert sich an der disziplinären *Zuständigkeit* der Staatsrechtslehre. Unterscheiden lassen sich ausschließliche und geteilte Zuständigkeitsbereiche. Im Bereich ihrer ausschließlichen Zuständigkeit definiert die Staatsrechtslehre ihre Sprachen selbst. Auf andere Disziplinen muss sie keine Rücksicht nehmen, denn diese reden nicht mit. Soweit sie sich ihre Zuständigkeit jedoch mit anderen Disziplinen teilt, muss sich die Staatsrechtslehre mit diesen verständigen können. Sie spricht dann nicht mehr ihre eigene Sprache, sondern entweder die Sprachen der jeweils anderen Disziplin – gleichsam als Fremdsprache – oder eine interdisziplinäre Fachsprache.[6]

---

[6] Vgl. *M. Jestaedt*, Die Verfassung hinter der Verfassung, 2009, S. 27 f., der hervorhebt, dass je nach Methode „Recht" etwas anderes bedeutet, dass es „daher nur aus dem Kontext des jeweiligen (sub-)disziplinären Sprachspiels zu begreifen" ist.

1. Dogmatik

Zur ausschließlichen Zuständigkeit der Staatsrechtslehre gehört zweifellos die Dogmatik des Öffentlichen Rechts. Der Dogmatikbegriff wurde in den letzten Jahrzehnten intensiv diskutiert.[7] Von einer konsentierten Definition ist die Rechtswissenschaftstheorie aber nach wie vor weit entfernt.[8] Ich begnüge mich daher mit einer Arbeitsdefinition, die allein dem hiesigen Erkenntnisziel dient und sich auf weitgehend anerkannten Essentialia des Begriffs[9] beschränkt: Dogmatik ist danach die systematisierende Aufbereitung des geltenden Rechts, die auf dessen Anwendung bezogen ist. Kennzeichnend für Dogmatik in diesem engen Sinne ist damit erstens die Ausrichtung auf das geltende Recht, zweitens dessen systematisierende Aufbereitung und drittens der Anwendungsbezug. Die Orientierung am positiven Recht bringt es mit sich, dass jeder Inhalt des positiven Rechts Gegenstand der Dogmatik sein kann.[10] Der Systematisierungsanspruch prägt die

---

[7] Vgl. etwa *C. Engel/W. Schön* (Hrsg.), Das Proprium der Rechtswissenschaft, 2007; *G. Kirchhof/S. Magen/K. Schneider* (Hrsg.), Was weiß Dogmatik?, 2012; *M. Jestaedt*, Wissenschaft im Recht, JZ 2014, 1 ff.; *C. Bumke*, Rechtsdogmatik, 2017; *J. Lennartz*, Dogmatik als Methode, 2017; *A. Stark*, Interdisziplinarität der Rechtsdogmatik, 2020.

[8] Vgl. etwa die Diagnose von *M. Jestaedt*, Wissenschaft im Recht, JZ 2014, 1 (5), nach dem „ein allseits konsentiertes parzellenscharfes Verständnis von Dogmatik nicht existiert".

[9] Zur Unterscheidung von Essentialia und Accidentialia der Dogmatik *M. Jestaedt*, Wissenschaft im Recht, JZ 2014, 1 (5 ff.).

[10] Wenn daher, um einen Diskussionsbeitrag A. Someks aufzugreifen, ein Verfassungsgericht die Theorie der Grundnorm zum Inhalt des geltenden Verfassungsrechts erklärt, wird diese ursprünglich rechtsphilosophische Theorie zu einem Gegenstand der Verfassungsrechtsdogmatik.

dogmatische Methode, der Anwendungsbezug wiederum das Selbstverständnis als praxisorientierte Disziplin: Die Rechtsdogmatik will den Rechtsanwendern *praktische Gründe* dafür geben, einen konkreten Rechtsfall so und nicht anders zu entscheiden. Dogmatische Erkenntnisse sollen als motivierende Gründe die Rechtsanwendung anleiten und zugleich als rechtfertigende Gründe die Rechtsanwendung begründen. Mangels Kompetenz wendet die Rechtsdogmatik das Recht allerdings nicht selbst an,[11] wie umgekehrt die Rechtsanwendung – so wissenschaftsorientiert sie auch sein mag – keine Rechtsdogmatik betreibt.[12] Diese bleibt in der ausschließlichen Zuständigkeit der Rechtswissenschaft, im Öffentlichen Recht: der Staatsrechtslehre, als jedenfalls *auch* dogmatischer Disziplin.

2. Grundlagen

Dass die Staatsrechtslehre nicht nur Dogmatik betreibt, zeigt schon die unbestrittene Existenz der sogenannten Grundlagenfächer. Der Begriff der Grundlagen ist ebenso wenig konsentiert wie der Begriff der Dogmatik.[13] Eine gewisse Näherung ermöglicht das positive Recht, das –

[11] Vgl. *A. Stark*, Interdisziplinarität der Rechtsdogmatik, 2020, S. 62 ff., nach dem die Rechtsdogmatik mangels Rechtsetzungskompetenz zwar nicht an der Rechtsanwendung teilnimmt, aber aufgrund ihres Anwendungsbezugs eine Teilnehmerperspektive einnimmt.

[12] Das von den Rechtsanwendern erzeugte Recht ist aber selbstverständlich wiederum Gegenstand der Rechtsdogmatik.

[13] Vgl. *A. Funke/J. Krüper/J. Lüdemann* (Hrsg.), Konjunkturen in der öffentlich-rechtlichen Grundlagenforschung, 2015; *J. Krüper* (Hrsg.), Grundlagen des Rechts, 5. Aufl. 2025.

zumindest in Deutschland – die „philosophischen, geschichtlichen und gesellschaftlichen Grundlagen" zum Gegenstand des Jurastudiums erklärt (§ 5a Abs. 2 Satz 2 Hs. 1 DRiG), übrigens sprachlich abgegrenzt von den „rechtswissenschaftlichen Methoden", deren Vermittlung daher – aus Sicht des Gesetzgebers – kein Grundlagenfach darstellt, sondern gleichberechtigt danebensteht.

Diese Unterscheidung des Deutschen Richtergesetzes ist kein Zufallsprodukt der Gesetzgebung, sondern verweist auf ein Charakteristikum der Grundlagenfächer. Sie zeichnen sich nämlich dadurch aus, dass ihre Methoden – und damit auch ihre Sprachen – keine genuin juristischen sind. Rechtsgeschichte, Rechtsphilosophie und Rechtssoziologie werden mit historischen, philosophischen bzw. sozialwissenschaftlichen Methoden betrieben und stehen Historikerinnen, Philosophen und Sozialwissenschaftlern daher genau so offen wie Rechtswissenschaftlerinnen.[14] Sie sind von vornherein interdisziplinär in dem Sinne, dass mindestens zwei Wissenschaftsdisziplinen gleichberechtigt Anspruch auf sie erheben können.[15] Das gilt ebenso für die klassischen öffentlich-rechtlichen Grundlagenfächer Staatsphilosophie (oder: Politische Philosophie) und Verfassungsgeschichte, aber auch für die Verfassungssoziologie und die Verwaltungswissenschaft, die Gegenstände und Methoden mit anderen Sozialwissenschaften teilen,

---

[14] Vgl. etwa *M. Morlok*, Soziologie der Verfassung, 2014 und *M. Stolleis*, Verfassungs(ge)schichten, 2017.

[15] Vgl. *S. Kirste*, Voraussetzungen von Interdisziplinarität der Rechtswissenschaften, in: ders. (Hrsg.), Interdisziplinarität in den Rechtswissenschaften, 2016, S. 35 (37), der die Grundlagenfächer als „eine Form institutionalisierter Interdisziplinarität" beschreibt.

namentlich der allgemeinen Soziologie, der Politologie und der Ökonomie.[16] Dass die anderen Wissenschaftsdisziplinen ihren Anspruch auf ein Grundlagenfach nicht immer (umfassend) geltend machen, stellt den interdisziplinären Charakter der Grundlagenfächer nicht infrage, begründet aber Zweifel am Gelingen des jeweiligen interdisziplinären Gesprächs.[17] Die Verfassungsgeschichte, die als Grundlagenfach sogar über ihre eigene interdisziplinäre Fachgesellschaft verfügt, zeigt, dass dieses Gespräch erfolgreich sein kann.[18] Eine Gelingensbedingung ist, dass sich die Staatsrechtslehre in den Grundlagenfächern nicht ihrer eigenen, sondern fremder oder gemeinsamer Sprachen bedient, um die Verständigung mit den anderen Disziplinen zu suchen.

---

[16] Auf den prekären Status der Allgemeinen Staatslehre komme ich noch zurück (s. u., IV.1., S. 29 ff.).

[17] Zum „bescheideneren Verständnis von Interdisziplinarität" bei den (monodisziplinären!) Staatsrechtslehrertagungen vgl. *O. Lepsius*, Interdisziplinarität auf der Staatsrechtslehrertagung, in: P. Cancik u. a. (Hrsg.), Streitsache Staat, 2022, S. 753 (769): „Der Sache nach handelt es sich um eine Ausweitung der Gegenstände und der Methoden. Was wir finden können, sollte man vielleicht eher als Supradisziplinarität verstehen, nämlich als einen gedanklichen Ansatz, der über das Disziplinäre hinausgeht, ohne dass diese Erweiterung auf ein disziplinäres Gegenüber träfe, das Antwort geben könnte".

[18] Vgl. die Tagungsbände der Vereinigung für Verfassungsgeschichte, die als Beihefte zur Zeitschrift „Der Staat" erscheinen, zuletzt: *D. Gosewinkel/O. Lepsius/P. Oestmann* (Hrsg.), Eigentum als Herrschaftsressource, Der Staat 2025, Beiheft 28, mit Beiträgen von Rechtswissenschaftlern (S. Hammer, R. Mußgnug, M. Seckelmann, M. Luts-Sootak, K. Visnapuu, T. Keiser, S. Kempny) und Historikern (D. Bachrach, B. Stuchtey, D. van Laak).

3. Dazwischen

Die Ausbildungsliteratur formuliert mitunter umfangreichere Kataloge von Grundlagenfächern, die nicht nur interdisziplinäre, sondern auch monodisziplinäre Fächer wie etwa die Rechts- und Verfassungstheorie, die Juristische Methodenlehre und die Rechtsvergleichung einbeziehen.[19] Im Sinne einer möglichst umfangreichen Erfassung der nicht-dogmatischen Fächer sind diese umfangreicheren Kataloge zweckmäßig, zumal sie rechtswissenschaftstheoretischen Modellen entsprechen, in denen Dogmatik und Grundlagen (auch: „Theorie") direkt aneinandergrenzen.[20] Für mein Erkenntnisziel, Ordnung in die Vielfalt der Sprachen der Staatsrechtslehre zu bringen, ist hingegen eine Engführung des Grundlagenbegriffs ent-

[19] Vgl. etwa *J. Krüper* (Hrsg.), Grundlagen des Rechts, 5. Aufl. 2025, mit Beiträgen zur „Rechtstheorie", „Allgemeinen Staatslehre", „Verfassungstheorie", „Juristischen Methodenlehre und Rechtsvergleichung" sowie zu „Neuere[n] Grundlagenfächer[n]", nämlich „Recht und Sprache", „Recht und Neurowissenschaften" und „Kulturwissenschaftliche Analyse des Rechts"; offen für monodisziplinäre Grundlagenfächer auch *P. Reimer*, Rechtstheorie, 2022, § 1 Rn. 5 ff., der auch die Rechtstheorie, die Juristische Methodenlehre, die Allgemeine Staatslehre und die Rechtsvergleichung zu den Grundlagenfächern zählt.

[20] Vgl. etwa *O. Lepsius*, Themen einer Rechtswissenschaftstheorie, in: M. Jestaedt/O. Lepsius (Hrsg.), Rechtswissenschaftstheorie, 2008, S. 1 (3 ff.), der Dogmatik und „Theorie" gegenüberstellt; *H. Schulze-Fielitz*, Konjunkturen der öffentlich-rechtlichen Grundlagenforschung – wissenschaftssoziologisch betrachtet, in: A. Funke/J. Krüper/J. Lüdemann (Hrsg.), Konjunkturen in der öffentlich-rechtlichen Grundlagenforschung, 2015, S. 157 (158 f.), unterscheidet wiederum drei Ebenen: die Ebene der „Jurisprudenz im Sinne einer praktischen Kunstlehre", der „Rechtswissenschaft als systematische[r] Disziplin" und der „metadogmatische[n] Ebene", die er „primär in ‚Grundlagenfächern'" verortet.

lang der Trennlinie von Mono- und Interdisziplinarität adäquater: Denn nur sie ermöglicht es, die *eigenen* Sprachen der Staatsrechtslehre von den Fremd- und Fachsprachen der Grundlagenfächer zu unterscheiden.

Für ein tendenziell enges Verständnis der Grundlagenfächer sprechen zudem wissenschaftspolitische Erwägungen: Gegenstände, Methoden und Sprachangebote, die den Grundlagenfächern zugeordnet werden, sind in der rechtswissenschaftlichen Lehre und Forschung von Marginalisierung bedroht. Die Forderung des Wissenschaftsrates nach einer Stärkung der Grundlagenfächer liegt zwar schon mehr als ein Jahrzehnt zurück,[21] doch können die Studierenden der Rechtswissenschaft nach den meisten Studienordnungen den „Grundlagenschein" durch die erfolgreiche Teilnahme an lediglich einer „Grundlagenveranstaltung" erwerben. Danach werden sie mit den Grundlagen des Rechts nur noch dann konfrontiert, wenn die Fakultät einen „Grundlagenschwerpunkt" anbietet und sie diesen wählen; in den Grundlagenschwerpunkten wiederum geben häufig die privatrechtlich dominierte Rechtsgeschichte und/oder die strafrechtlich dominierte Rechtsphilosophie den Ton an. Gerade die Grundlagen des öffentlichen Rechts bleiben allzu häufig auf der Strecke. Wer das grundlegende Verständnis der Studierenden für Verfassungs- und Verwaltungsrecht fördern will, ist daher nicht gut beraten, sämtliche nicht-dogmatischen Aspekte des Öffentlichen Rechts den „Grundlagen" zuzurechnen. In der Forschung scheint mir die Marginalisierung der Grundlagen zwar

[21] Wissenschaftsrat, Perspektiven der Rechtswissenschaft in Deutschland, 2012.

nicht so ausgeprägt zu sein wie in der Lehre, doch droht auch hier, ein (zu) weites Verständnis von Grundlagen eine unzweckmäßige Kompartimentierung zu befördern, bei der nicht-dogmatische Fragestellungen den (wenigen) Grundlagenforschenden überlassen werden, während sich die Übrigen auf die Dogmatik beschränken können. Soweit Grundlagenfächer die Beherrschung von Fremd- oder Fachsprachen voraussetzen, mag ein solches „Outsourcing" nicht-dogmatischer Fragestellungen unvermeidlich und – im Sinne des interdisziplinären Austauschs – sogar wünschenswert sein. Wenn es aber um monodisziplinär zu beantwortende Fragen geht, die die gesamte Staatsrechtslehre angehen, gefährdet diese Kompartimentierung deren Wissenschaftlichkeit.

Die Bedürfnisse der wissenschaftstheoretischen „Sprach-Analyse" sowie die Bemühung um eine Stärkung der „Grundlagen" (im weiteren Sinne) sprechen also gegen ein zweigliedriges Modell der Staatsrechtslehre, in dem die Grundlagen direkt an die Dogmatik grenzen. Daher möchte ich ein dreigliedriges Modell vorschlagen, in dem „jenseits" der Dogmatik und diesseits der „Grundlagen" (im engeren Sinne) ein Gesprächsraum eröffnet ist, der noch keinen Namen hat. Weil er in der räumlichen Metaphorik von Diesseits und Jenseits „zwischen" Dogmatik und Grundlagen liegt, nenne ich ihn schlicht das „Dazwischen".

Dieses Dazwischen ist elastisch. Je nachdem, wie eng oder weit man Dogmatik und Grundlagen versteht, wird es größer oder kleiner. Es ist ein gedachter Raum, in dem Staatsrechtslehrerinnen und Staatsrechtslehrer zusammenkommen, um jenseits der Dogmatik, aber diesseits der Grundlagen über Themen zu sprechen, die weder hier noch dort einen Platz haben – weil sie einerseits nicht dogmatisierbar sind, sich aber andererseits auch nicht für die interdisziplinäre Forschung in den Grundlagenfächern anbieten.

Die Dogmatisierbarkeit kann etwa daran scheitern, dass die Themen keinen hinreichenden Anhaltspunkt im geltenden Recht finden, sich der systematisierenden Aufbereitung entziehen oder keinen Anwendungsbezug aufweisen. Ungeeignet für die interdisziplinäre Grundlagenforschung sind wiederum Themen, die keine Resonanz in den anderen Disziplinen hervorrufen, weil sie nicht von deren Erkenntnisinteressen gedeckt sind oder nicht mit deren Methoden erforscht werden können. Wer interdisziplinär arbeitet, macht die Erfahrung häufig: Eine Fragestellung mag aus Sicht der Rechtswissenschaft relevant sein und doch die Vertreter der Nachbardisziplin nicht interessieren. Umgekehrt können die Erkenntnisse der Nachbardisziplin rechtswissenschaftlich nicht verwertbar sein, weil sie von einem anderen Erkenntnisinteresse getragen sind. Will sich die Staatsrechtslehre mit der anwendungsorientierten Systematisierung des geltenden Rechts nicht zufriedengeben, sich aber zugleich nicht von den Erkenntnisinteressen anderer Wissenschaftsdisziplinen abhängig machen, muss sie also ein Gespräch jenseits der Dogmatik, aber diesseits der Grundlagen führen: ein Gespräch im Dazwischen.

III. Gesprächsthemen im Dazwischen

Welche Themen im Dazwischen der Staatsrechtslehre besprochen werden, hängt von politischen und gesellschaftlichen Kontexten ebenso ab wie vom „Zeitgeist" in der wissenschaftlichen *community* und den Präferenzen ihrer einzelnen Mitglieder. Das heißt: einen feststehenden Kanon an Gesprächsthemen im Dazwischen gibt es nicht. Vielmehr muss immer neu erörtert werden, welche Phänomene sich dem systematisierenden Zugriff der Dogmatik entziehen und sich zugleich nicht für den interdisziplinären Zugriff der Grundlagenfächer anbieten. Das Gespräch darüber findet selbst jenseits der Dogmatik statt. Denn nur wer deren Grenzen überschreitet, kann erkennen, wo die Dogmatik an ihre Grenzen gerät. Die folgenden fünf Themenkreise scheinen mir gegenwärtig besonders relevant zu sein. Dabei bin ich mir der Subjektivität meiner Auswahl bewusst: Wer den Dogmatikbegriff weiter fasst als nach der hier zugrunde gelegten Arbeitsdefinition, wird manche nachfolgenden Themen für (weitgehend) dogmatisierbar halten. Wer für ein weiteres Verständnis der Grundlagen eintritt, wird wiederum einiges den Grundlagenfächern zuordnen. Die Anerkennung eines Gesprächsraums im Dazwischen schließt das aber nicht aus, zumal dieser die Diskurse in der Dogmatik und den Grundlagen nicht trennt, sondern verbindet: Das elastische Dazwischen erfüllt eine Scharnierfunktion zwischen (anwendungsbezogenen) monodisziplinären und (theorieorientierten) interdisziplinären Gesprächen, deren Inanspruchnahme vom konkreten Bedarf der Gesprächsteilnehmer abhängt. Bei den folgenden fünf Themen scheint mir der Gesprächsbedarf im Dazwischen (derzeit) besonders groß zu sein: bei der Offenheit des Öffentlichen Rechts und seiner Ausdifferenzierung, bei Rechtserzeugung und Realbereichen sowie der Demokratisierung des Öffentlichen Rechts.

1. Offenheit

Das Öffentliche Recht zeichnet sich durch eine offene Normstruktur aus und überfordert damit latent die Rechtsdogmatik. Denn mit ihrem systematisierenden Anspruch zielt die Dogmatik auf Schließung, nicht auf Öffnung. Der Umgang mit der Offenheit ist daher ein zentrales Gesprächsthema der Staatsrechtslehre im Dazwischen.[22]

Das Verfassungsrecht ist schon aufgrund seiner geringen Normdichte und Abstraktheit besonders offen, belässt also der politischen und rechtlichen Praxis tendenziell große Spielräume, die sich mit dogmatischen Konstruktionen kaum fassen lassen. Im Dazwischen ist Raum, den Umgang mit der Offenheit kritisch zu hinterfragen: Wo sind dogmatische Eingrenzungen geboten, wo nicht? Welche Folgen haben Öffnung und Schließung für die Praxis? Wie wirkt sich die Offenheit auf die Kompetenzverteilung im horizontal und vertikal gegliederten Staat aus?

Die Offenheit der Verfassung weist aber über den Staat hinaus. Das Grundgesetz ist nicht nur normstrukturell, sondern auch inhaltlich offen: für die Einflüsse des Völkerrechts und die europäische Integration. Die „offene Staatlichkeit"[23] wird zwar auch dogmatisch verarbeitet,[24] jedoch kommt die systematisierende Aufbereitung des Verfassungsrechts dabei rasch an ihre Grenzen, wie etwa

---

[22] Vgl. dazu etwa *O. Lepsius*, Relationen: Plädoyer für eine bessere Rechtswissenschaft, 2016, insb. S. 21 ff., der aufgrund der offenen Normstruktur ein Verständnis der Rechtswissenschaft als „Relationierungswissenschaft" vorschlägt.

[23] *K. Vogel*, Die Verfassungsentscheidung des Grundgesetzes für eine internationale Zusammenarbeit, 1964.

[24] Vgl. nur die zahlreichen Lehrbücher zum „Staatsrecht III".

die kaum dogmatisierbare Lehre vom Anwendungsvorrang des Unionsrechts zeigt.

Das Verwaltungsrecht wiederum zeichnet sich durch eine größere Normdichte und eine geringere Abstraktheit aus. Es ist daher tendenziell dogmatisierbarer als das Verfassungsrecht. Doch setzen gerade Verwaltungsrechtsnormen häufig auf Offenheit, um der Rechtspraxis Gestaltungsspielräume zu eröffnen: durch Generalklauseln, unbestimmte Rechtsbegriffe und Ermessen. Zwar sind diese Öffnungstechniken selbst Gegenstand ausgefeilter Teildogmatiken – man denke nur an die Ermessensfehlerlehre. Durch eine Systematisierung allein lässt sich ihre Bedeutung für Rechtsanwendung und Kompetenzverteilung aber ebenso wenig erfassen wie ihre tatsächliche oder vermeintliche Auswirkung auf die Verwaltungspraxis und die Ergebnisse der Verwaltungstätigkeit. Auch diese Fragen überschreiten die Grenzen der Dogmatik, sind also im Dazwischen zu besprechen, ehe sie ggf. an die interdisziplinären Grundlagenfächer – wie etwa die Verwaltungswissenschaft – weitergereicht werden.

2. Ausdifferenzierung

Das Öffentliche Recht zeichnet sich zudem durch eine besonders starke Ausdifferenzierung aus, in horizontaler wie vertikaler Sicht.[25] Die vertikale Ausdifferenzierung ergibt sich aus dem Stufenbau der Rechtsordnung, der

[25] Zur Herausforderung des (dogmatischen) Systemdenkens durch Normenhierarchie und Normenpluralismus vgl. *O. Lepsius*, Themen einer Rechtswissenschaftstheorie, in: M. Jestaedt/O. Lepsius (Hrsg.), Rechtswissenschaftstheorie, 2008, S. 1 (38 f.).

im Bereich des Öffentlichen Rechts besonders elaboriert ist. Während sich jedenfalls die klassischen Probleme des Privat- oder Strafrechts häufig auf einer Stufe, nämlich der des Bundesgesetzes, lösen lassen,[26] rufen öffentlich-rechtliche Fälle seit jeher eine Mehr- oder gar Vielzahl von Rechtsebenen auf: von der Verfassung über gesetzliches und untergesetzliches Bundes- und/oder Landesrecht bis hinunter zum Verwaltungsakt, mit zahlreichen Rück- und Querverweisen und Umwegen über Geschäftsordnungen und Verwaltungsvorschriften.

Nun mag man einwenden, dass sich der Stufenbau der Rechtsordnung anhand von Kollisionsregeln dogmatisch bewältigen lässt. Doch stehen hinter diesen Kollisionsregeln häufig Vorstellungen von Vor- und Nachrang, die die Dogmatik zumindest an ihre Grenzen führen. Im Dazwischen kann die Staatsrechtslehre Rangfragen losgelöst von dogmatischen (Anwendungs-)Bedürfnissen erörtern und über politische und gesellschaftliche Folgen der vertikalen Ausdifferenzierung diskutieren, ohne sogleich in einen interdisziplinären Diskurs mit den Sozialwissenschaften treten zu müssen, die sich für Normenhierarchien tendenziell weniger interessieren: Rechtsnormen sind für sie nur soziale Tatsachen unter vielen.

Geprägt ist das Öffentliche Recht aber auch durch eine horizontale Ausdifferenzierung. Während das Privat- und Strafrecht im Bundesstaat des Grundgesetzes weit-

---

[26] Selbstverständlich können sich auch Privat- und Strafrechtswissenschaft heute längst nicht mehr mit der Dogmatisierung der jeweiligen Kodifikationen begnügen, sondern müssen zahlreiche „Sonder-" und „Nebengebiete" ebenso einbeziehen wie untergesetzliche Normen, die nicht selten dem Öffentlichen Recht entstammen, man denke nur an das Wirtschafts- und Umweltrecht.

gehend vereinheitlicht sind, stehen im Öffentlichen Recht siebzehn Teilrechtsordnungen nebeneinander, zu denen das Unions-, Konventions- und (sonstige) Völkerrecht ergänzend hinzutreten. Zwar wirkt das Bundesrecht auf die Rechtsordnungen der Länder vielfältig ein. Doch verbleibt den Ländern je nach Materie stets ein erheblicher Gestaltungsspielraum, der – garniert mit einiger Eigenstaatslyrik – im Verfassungsrecht sogar zur Annahme getrennter Verfassungsräume verleitet.[27] Das Öffentliche Recht in Deutschland ist mit anderen Worten geprägt von einem Rechtspluralismus, der sich von vornherein der dogmatischen Aufbereitung verschließt:[28] Denn die Dogmatik kann sich nur an *einem* System ausrichten. Rechtspluralismus ist daher ein typischer Gesprächsgegenstand jenseits der Dogmatik, bei dem vor allem die Rechts- und Verfassungsvergleichung auf ihre Kosten kommt.[29]

3. Rechtserzeugung

Ein weiteres Thema im Dazwischen stellt die Rechtserzeugung dar, von der Verfassungsgebung und -änderung, zur einfachen Gesetzgebung über die untergesetzliche Rechtssetzung bis hin zur Erzeugung konkret-individueller Nor-

[27] Vgl. *P. M. Huber*, in: U. Kischel/H. Kube (Hrsg.), Handbuch des Staatsrechts, Bd. I, 2023, § 4 Rn. 25, nach dem die Formulierung in der Rechtsprechung „aus eher diplomatischen denn dogmatischen Gründen" gewählt wird.

[28] Zur „Wiederentdeckung des bundesstaatlichen Verfassungsreichtums" *F. Reimer*, Fragmentierungen im Öffentlichen Recht, VVDStRL 77 (2018), 413 (455).

[29] Vgl. *S. Baer*, Renaissance der Verfassungsvergleichung?, 2023; *S. Martini*, Vergleichende Verfassungsrechtsprechung, 2018; *U. Kischel*, Rechtsvergleichung, 2015.

men durch Verwaltungsakt und Urteil.[30] Während die anderen juristischen Subdisziplinen sich vor allem mit dem Zustandekommen eines Urteils beschäftigen, gehen Anspruch und Aufgabe der Staatsrechtslehre weit darüber hinaus. Aufgrund der Ausdifferenzierung des Öffentlichen Rechts muss sie die Rechtserzeugung auf allen Stufen als wissenschaftlichen Untersuchungsgegenstand ernst nehmen und das potenziell in siebzehn (Teil-)Rechtsordnungen, die im offenen Staat internationalen und europäischen Einflüssen ausgesetzt sind.

Die Rechtserzeugung ist selbst Gegenstand öffentlichrechtlicher Normen, von denen die Vorschriften über das Gesetzgebungsverfahren im Grundgesetz nur die bekanntesten sind. Dass ihre Kenntnis nicht ausreicht, um die Rechtserzeugung auf Ebene des Bundesgesetzes zu erfassen, ist ein Gemeinplatz: Ergänzend herangezogen werden müssen die Geschäftsordnungen der beteiligten Verfassungsorgane und weitere Vorschriften, die den Rechtserzeugungsprozess anleiten, etwa die Gemeinsame Geschäftsordnung der Bundesministerien und die legistischen Handbücher der Bundesministerien des Innern und der Justiz.[31] Der typische Rechtserzeugungsvorgang im Verwaltungsrecht ist der Erlass eines Verwaltungsaktes, der durch die Vorschriften des Verwaltungsverfahrensgesetzes, ergänzend aber auch durch Verwaltungsvorschriften als Rechtsnormen des Innenrechts geregelt

---

[30] Zum Folgenden etwa *F. Reimer*, Gesetzgebungswissenschaft? Rechtsetzungslehre!, JöR 71 (2023), 351 ff.; vgl. schon *ders.*, Fragmentierungen im Öffentlichen Recht, VVDStRL 77 (2018), 413 (455 f.): „Epistemische Repolitisierung und Einbeziehung der Rechtsetzungsperspektive“.

[31] Vgl. *W. Kluth/G. Krings* (Hrsg.), Gesetzgebung, 2014.

wird. Infolge der vertikalen Ausdifferenzierung sind im Öffentlichen Recht zahlreiche weitere Rechtserzeugungsprozesse von Interesse, die teils durch Innenrecht, teils aber auch durch Außenrecht geregelt sind – man denke etwa an die Vorschriften über den kommunalen Satzungserlass. Schließlich erzeugen auch Gerichte konkret-individuelle und durch Maßstabsetzung möglicherweise sogar abstrakt-generelle Normen, deren Zustandekommen durch die Prozessordnungen zumindest in gewisse Bahnen gelenkt wird.[32]

Zwar lassen sich die Normen, die die Rechtserzeugung regeln, systematisierend aufbereiten, doch kann die Dogmatik die Rechtserzeugungsprozesse mit ihren politischen, administrativen und justiziellen Eigenrationalitäten nicht vollständig erfassen. Diese weisen über das positive Recht hinaus und erzeugen damit Gesprächsbedarf jenseits der Dogmatik.

Die Staatsrechtslehre beschäftigt sich aber nicht nur mit den Prozessen der Rechtserzeugung, sondern selbstverständlich auch mit deren Ergebnissen, vor allem im Wege der Interpretation. Interpretationsbedürftig sind alle Rechtserzeugungsakte, nicht nur Gesetze, sondern auch Satzungen, Geschäftsordnungen, Verordnungen, Verwaltungsvorschriften, Verwaltungsakte und Urteile. Das Ergebnis der Interpretation kann dogmatisch aufbereitet werden. Doch bestimmt die Dogmatik nicht den Weg zum Interpretationsergebnis. Das ist die Aufgabe der juristischen Methodenlehre, oder besser: juristischer Methodenlehren. Denn die vertikale und horizontale Ausdifferenzierung des Öffentlichen Rechts legt nahe, dass

[32] Vgl. *M. Payandeh*, Judikative Rechtserzeugung, 2017.

nicht jeder Rechtserzeugungsakt mit denselben Methoden zu interpretieren ist.[33] Die Bestimmung der jeweils adäquaten Methode ist eine Herausforderung, der sich die Staatsrechtslehre jenseits der Dogmatik annimmt.

4. Realbereiche

Als rechtswissenschaftliche Subdisziplin ist die Staatsrechtslehre eine Normwissenschaft.[34] Sie kann aber die „Realbereiche" der Normen nicht ausblenden, will sie ihre Erkenntnisziele nicht verfehlen. Wie sich bestimmte Normen auf den politischen Prozess, den grundrechtlich geschützten Freiheitsgebrauch oder die administrative Effizienz auswirken, sind keine Fragen, die die Staatsrechtslehre an sozialwissenschaftlich orientierte Grundlagenfächer outsourcen könnte. Sie gehen vielmehr die gesamte öffentlich-rechtliche *community* an.

Die Realbereiche des Verfassungsrechts sind damit bereits angesprochen: Der politische Prozess als Realbereich des Staatsorganisationsrechts, individuelle sowie kollektive Freiheitsräume und Gleichheitsbedingungen als Realbereiche der Grundrechte. Selbstverständlich verarbeitet auch die Dogmatik Realbereiche, nämlich als Sachverhalte von tatsächlichen oder gedachten Rechtsfällen. Doch muss die Beschäftigung der Staatsrechtslehre mit der Verfassungswirklichkeit darüber hinausgehen. So

---

[33] Methodologische Differenzierung zwischen „geschriebenem" und „gesprochenem" Recht bei *F. Reimer*, Juristische Methodenlehre, 2019, Rn. 162 ff., 454 ff.; vgl. auch *M. Jestaedt*, Die Regelungsintention des Gesetzgebers, JöR 72 (2024), 517 ff.

[34] Zum Begriff der Normwissenschaft *O. Lepsius*, Relationen: Plädoyer für eine bessere Rechtswissenschaft, 2016, S. 10 ff.

lässt sich etwa die Frage, ob der Bundeskanzler einen Bundesminister im Wege des Organstreitverfahrens zur Einhaltung seiner Richtlinien anhalten kann, zwar dogmatisch beantworten. Doch wird man von Staatsrechtslehrern den begleitenden Hinweis erwarten dürfen, „dass ein Bundeskanzler, der erst einmal zu diesem Mittel greifen muss (und das heißt ja, dass er es sich nicht zutraut, den Minister zu entlassen), politisch erledigt ist, ehe die Klageschrift überhaupt beim BVerfG eingegangen ist“.[35] Das ist eine Aussage über eine politische Tatsache, die die Staatsrechtslehre aber nicht der Politikwissenschaft überlassen kann.

Nichts anderes gilt für die Realbereiche des Verwaltungsrechts, die so vielfältig sind wie dessen Materien. Wer sich etwa wissenschaftlich mit dem öffentlichen Baurecht beschäftigt, muss zumindest ein Grundverständnis für die tatsächlichen Dimensionen des Städtebaus haben. Wer sich dem Klimarecht verschrieben hat, sollte über gewisse klimatologische Grundkenntnisse verfügen. Und wer sich den diversen Bereichen des Regulierungsrechts widmet, sollte die jeweiligen Märkte jedenfalls im Ansatz verstehen. Zumindest im ersten Zugriff ist keine echte interdisziplinäre Expertise gefragt. Für die Staatsrechtslehre, die nicht zugleich Urbanistik, Klimatologie oder Ökonomik sein kann, genügt vielmehr informiertes[36] Dilettieren in dem wachen Bewusstsein, sich nötigenfalls

[35] *R. Herzog*, in: Dürig/Herzog/Scholz, GG, Art. 65 Rn. 13 (Okt. 2008).

[36] Die bloße Informiertheit über Einzelwissen anderer Wissenschaften ist noch keine Interdisziplinarität, vgl. *T. Gutmann*, Interdisziplinarität (in) der Rechtswissenschaft, Angewandte Philosophie 1/2019, 35 (40).

interdisziplinär informieren zu können.[37] Wann ein derart gesteigertes Informationsbedürfnis vorliegt, die Frage also den Grundlagenfächern – hier vor allem: den Verwaltungswissenschaften – zu überantworten ist, lässt sich mit dogmatischen Methoden aber nicht ermitteln. Auch darüber ist jenseits der Dogmatik im Dazwischen der Staatsrechtslehre zu sprechen.

5. Demokratisierung

Schließlich ist das Dazwischen der geeignete Raum, um die Demokratisierung des Öffentlichen Rechts zu verhandeln.[38] Denn jenseits der Dogmatik kann die Staatsrechtslehre unbeschwert von dogmatischen Konstruktionen kommunizieren, die nicht selten in vordemokratischer Zeit etabliert wurden. Im Dazwischen kann sie insbesondere das Erbe des Spätkonstitutionalismus, das Verfassungs- und Verwaltungsrechtsdogmatik gleichermaßen prägt, um demokratische Perspektiven ergänzen und entsprechenden Korrekturbedarf in der Dogmatik anmelden. Demokratie kann dabei – obwohl Verfassungsbegriff – nicht als rein dogmatische Größe verstanden werden, sondern muss mit Erkenntnissen der politischen

[37] Staatsrechtslehrer sind, was das jeweils andere Fach anbelangt, also Dilettanten im (guten) Weber'schen Sinne: „Der Dilettant unterscheidet sich vom Fachmann [...] nur dadurch, daß ihm die feste Sicherheit der Arbeitsmethode fehlt, und daß er daher den Einfall meist nicht in seiner Tragweite nachzukontrollieren und abzuschätzen oder durchzuführen in der Lage ist" (*M. Weber*, Wissenschaft als Beruf, in: Geistige Arbeit als Beruf, 1919, S. 10).

[38] Programmatisch *O. Lepsius*, Rechtswissenschaft in der Demokratie, Der Staat 52 (2013), 157 ff.; *J. v. Achenbach*, Das Recht der Demokratie in der Staatswissenschaft, Der Staat 64 (2025), 155 ff.

Theorie angereichert werden, die wiederum auf ihre dogmatische Anschlussfähigkeit geprüft werden müssen.[39] Als besonders anschlussfähig erweist sich dabei die liberal-repräsentative Demokratietheorie Hans Kelsens[40] sowie die pluralistische Demokratietheorie Ernst Fraenkels.[41] Aber auch konkurrenzdemokratische, ökonomische, partizipative und deliberative Ansätze können bei der Demokratisierung des Öffentlichen Rechts fruchtbar gemacht werden.[42] Entscheidend sind nicht Bekenntnisse, sondern Erkenntnisse, die durch die Rezeption von Demokratietheorien im Diskurs der Staatsrechtslehre erzielt werden. Die Berücksichtigung der theoretischen Deutungsangebote bewahrt die Staatsrechtslehre zugleich vor einem „Verfassungsgerichtspositivismus"[43] im Demokratieverfassungsrecht.[44]

---

[39] Vgl. *H. Dreier*, Demokratietheorien und verfassungsrechtlicher Demokratiebegriff, in: U. Kischel/H. Kube (Hrsg.), Handbuch des Staatsrechts, Bd. III, 2025, § 49, insb. Rn. 79 ff.

[40] Überblick bei *H. Dreier*, Demokratietheorien und verfassungsrechtlicher Demokratiebegriff, in: U. Kischel/H. Kube (Hrsg.), Handbuch des Staatsrechts, Bd. III, 2025, § 49 Rn. 40 ff. m. w. N.

[41] Überblick bei *H. Dreier*, Demokratietheorien und verfassungsrechtlicher Demokratiebegriff, in: U. Kischel/H. Kube (Hrsg.), Handbuch des Staatsrechts, Bd. III, 2025, § 49 Rn. 58 ff. m. w. N.

[42] Vgl. *H. Dreier*, Demokratietheorien und verfassungsrechtlicher Demokratiebegriff, in: U. Kischel/H. Kube (Hrsg.), Handbuch des Staatsrechts, Bd. III, 2025, § 49 Rn. 49 ff. (Schumpeter), 55 ff. (Downs), 63 ff. (Barber), 67 ff. (Habermas).

[43] Vgl. *B. Schlink*, Die Entthronung der Staatsrechtswissenschaft durch die Verfassungsgerichtsbarkeit, Der Staat, 28 (1989), 161 ff.

[44] Zur „Dominanz des Bundesverfassungsgerichts" in Sachen Demokratie *H. Dreier*, Demokratietheorien und verfassungsrechtlicher Demokratiebegriff, in: U. Kischel/H. Kube (Hrsg.), Handbuch des Staatsrechts, Bd. III, 2025, § 49 Rn. 101, der zugleich das emanzipatorische Potential der (Rück-)Besinnung auf Demokratietheorien

Die Demokratisierung des Verfassungsrechts erfordert eine Abkehr von materialen Gemeinwohlpostulaten und eine Hinwendung zu einem prozessorientierten Relativismus. Demokratische Verfassungsinterpretation eröffnet dem politischen Prozess Spielräume, nicht um unverrückbare Wahrheiten zu dekretieren, sondern um Mehrheitsentscheidungen zu ermöglichen, die durch neue Mehrheitsentscheidungen abgelöst werden können. Denn Demokratie ist (Mehrheits-)Herrschaft auf Zeit. Im Schlepptau von Mehrheitsprinzip und funktionalem Minderheitenschutz fördert die Demokratisierung des Verfassungsrechts den Kompromiss als zentrale verfassungsrechtliche Kategorie zutage, ohne den sich keine Mehrheiten erzeugen lassen.[45] Das geltende Verfassungsrecht ist daraufhin zu überprüfen, ob es die Kompromissfindung befördert oder erschwert. Der demokratische Blick auf das Verfassungsrecht hinterfragt daher kritisch die Konstitutionalisierung von Politikzielen, die den Raum für Kompromisse verkleinern.[46] Er mahnt zur Skepsis ge-

---

anklingen lässt: „Die Demokratietheorien einerseits wie die normative Entfaltung des grundgesetzlichen Demokratiebegriffs durch verfassungsrechtliche Literatur und Judikatur andererseits haben ihre Berechtigung. Ihre Koexistenz muss und soll nicht zur Homogenität führen, sondern sich in spannungsreicher Wechselwirkung entfalten. Dass sich die politische Idee der Demokratie und ihre normative Grundlegung in einer konkreten Verfassung nicht identitär verhalten können, sollte nicht als Defizit, sondern als Gewinn betrachtet werden."

[45] *O. Lepsius*, Kultur des Kompromisses, Merkur Nr. 919, Dez. 2025, S. 26 ff.; grundlegend zur Bedeutung des Kompromisses für die Demokratie *H. Kelsen*, Vom Wesen und Wert der Demokratie, 2. Aufl. 1929, S. 57 f.

[46] *C. Waldhoff*, Das Gesetz zwischen Recht und Politik, ZfP 66 (2019), 98 (108 ff.); *J. Isensee*, in: ders./Kirchhof (Hrsg.), Handbuch

genüber übersteigerten Transparenzerwartungen: Denn die Öffentlichkeit ist der natürliche Feind des Kompromisses.[47] Er nimmt die politischen Parteien als zentrale Faktoren des Verfassungslebens ernst und enttarnt alte wie neue Antiparteien- und Antiparlamentsaffekte als antipluralistische Ideologeme.[48] Nicht zuletzt reflektiert er die Rolle der Verfassungsgerichtsbarkeit, die in einer pluralistischen Parteiendemokratie die Einhaltung der Spielregeln des politischen Wettbewerbs überwacht.[49]

---

des Staatsrechts, Bd. XII, 3. Aufl. 2014, § 268 Rn. 59 ff.; *M. Morlok*, Notwendigkeit und Schwierigkeit eines Rechtes der Politik, DVBl 2017, 995 (996).

[47] Anders *H. Kelsen*, Vom Wesen und Wert der Demokratie, 2. Aufl. 1929, S. 58, der sich gerade von Öffentlichkeit des parlamentarischen Verfahrens eine Förderung der Kompromissfindung zu versprechen scheint. In der politischen Wirklichkeit werden Kompromisse aber nicht öffentlich ausgehandelt, weil der mit jedem Kompromiss einhergehende Widerspruch zu den eigenen politischen Prinzipien „lächerlich, wenn nicht verächtlich" macht, wie bereits Tönnies bemerkte: „Und schon die Lächerlichkeit tötet" (*F. Tönnies*, Kompromisse, Neue Rundschau, 1908, 929 (930)). Die Parlamentsöffentlichkeit dient daher nicht der Herstellung, sondern der Darstellung von Kompromissen; vgl. zur Kompromissbildung außerhalb des formalisierten parlamentarischen Verfahrens *H. Schulze-Fielitz*, Der politische Kompromiß als Chance und Gefahr für die Rationalität der Gesetzgebung, in: D. Grimm/W. Maihofer (Hrsg.), Gesetzgebungstheorie und Rechtspolitik, 1988, S. 292 ff.

[48] Vgl. *M. Morlok*, Informalisierung und Entparlamentarisierung politischer Entscheidungen als Gefährdung der Verfassung?, VVDStRL 62 (2003), 37 (64 ff.); zur Prominenz identitärer Demokratieideale in den Beratungen der Staatsrechtslehrertagung *J. Krüper*, Rousseaus langer Schatten, in: P. Cancik u. a. (Hrsg.), Streitsache Staat, 2022, S. 325 ff.

[49] Vgl. *N. Petersen*, Verfassungsgerichte als Wettbewerbshüter im politischen Prozess, in: D. Elser u. a. (Hrsg.), Das letzte Wort – Rechtsetzung und Rechtskontrolle in der Demokratie, 2014, S. 59 (64 f.).

Die Demokratisierung des Verwaltungsrechts wiederum verlangt nach mehr als einer legitimatorischen Rückbindung des Verwaltungshandelns an die Wahlentscheidung des Volkes, für die die Dogmatik bereits ausgefeilte Konstruktionen erarbeitet hat. Aus demokratischer Perspektive ist vielmehr auch das Verhältnis zwischen Verwaltung und Politik neu auszuloten:[50] Wie lässt sich das politische Kalkül der demokratisch verantwortlichen Verwaltungsspitzen mit dem administrativen Kalkül der Verwaltung koppeln? Wie lässt sich gewährleisten, dass die Verwaltung demokratische Entscheidungen verwirklicht, und wie lässt sich umgekehrt ihr exekutivischer Sachverstand in den politischen Prozess einspeisen? Welcher funktionale Eigenwert kommt dabei einer Verwaltung zu, die ihr Handeln an rechtsstaatlicher Bindung und administrativer Zweckmäßigkeit auszurichten hat und nicht an politischer Opportunität?

Der demokratische Blick auf das Verwaltungsrecht gilt jedoch nicht nur Kompetenz- und Verfahrensfragen, sondern erstreckt sich auch auf Organisation, Personal und Finanzierung der Verwaltung, also Bereiche, die sich nur bedingt dogmatisieren lassen und die wohl auch deshalb in der juristischen Ausbildung tendenziell zu kurz kommen.[51] Sie gehören zu den drängenden Gesprächsthemen im Dazwischen der Staatsrechtslehre, zumal in einer Zeit,

[50] „Neu" bezieht sich hier auf die Abgrenzung zum Verhältnis von Verwaltung und Politik im vordemokratischen Rechtsstaat. Dass die Frage nicht „neu" ist, zeigt die Diskussion in der Zwischenkriegszeit; vgl. insb. *A. Merkl*, Demokratie und Verwaltung, 1923; *H. Kelsen*, Vom Wesen und Wert der Demokratie, 2. Aufl. 1929, S. 69 ff.

[51] Rechtsvergleichend zum demokratischen Personalrecht etwa *M. Roßbach*, Das Personal der Republik, 2020.

in der politischer Autoritarismus die Rhetorik der Bürokratiekritik[52] für seine Zwecke zu nutzen weiß.

IV. Sprachangebote für das Dazwischen

Um sich über die Themen zwischen Dogmatik und Grundlagen austauschen und bestenfalls verständigen zu können, muss die Staatsrechtslehre geeignete Sprachen entwickeln. Gefragt sind Sprachangebote für den Austausch innerhalb der öffentlich-rechtlichen *community*, die einen Anschluss an die Dogmatik einerseits und die Grundlagen andererseits ermöglichen. Denn das Dazwischen besteht nur in Relation zu diesen beiden Polen: Ein Gespräch im Dazwischen, das nicht Dogmatik und Grundlagen vor Augen hätte, wäre ein akademisches Glasperlenspiel. Im Folgenden will ich nach den allgemeinen Sprachangeboten für das Dazwischen fragen, also nach Sprachen jenseits der Dogmatik für das gesamte Öffentliche Recht oder zumindest seine Kernmaterien: das Verfassungs- und das Verwaltungsrecht. Daneben existieren eine Vielzahl von partikularen Sprachangeboten, die entweder für bestimmte methodische Herausforderungen entwickelt wurden – wie z. B. die Verfassungsvergleichung oder die Rechtsetzungslehre – oder bestimmte Rechtsbereiche adressieren – wie z. B. das Recht der Politik[53]

[52] Vgl. die Gegenkritik von *P. Cancik*, „Bürokratie-Pathologie", DVBl 2025, 1189 ff.

[53] Vgl. *M. Morlok*, Notwendigkeit und Schwierigkeit eines Rechtes der Politik, DVBl 2017, 995 ff.; *ders.*, Das Recht des politischen Prozesses, JuS 2022, 1 ff.; *M. Honer*, Recht der Politik, Der Staat 62 (2023), 677 ff.

oder das Organisationsverfassungsrecht.[54] Für diese Partikularsprachen ist typisch, dass sie sich auf Phänomene dies- und jenseits der Dogmatik gleichermaßen beziehen und dass sie nicht von der gesamten *community* beherrscht werden (müssen). Der zweite Aspekt macht – angesichts der Einheit der Staatsrechtslehre – die Frage nach (einer) Universalsprache(n) für das Dazwischen umso drängender.

1. Allgemeine Staatslehre?

Das traditionelle Sprachangebot der Staatsrechtslehre jenseits der Dogmatik ist die Allgemeine Staatslehre. Sie entstand gleichsam als Nebenprodukt der Konstituierung der Staats*rechts*lehre als dogmatischer Normwissenschaft im Spätkonstitutionalismus. Einerseits sollten die außerrechtlichen Aspekte politischer Herrschaft aus der Dogmatik des Öffentlichen Rechts herausgehalten werden. Andererseits wollte die Staatsrechtslehre ihre traditionelle Zuständigkeit für diese Fragen nicht aufgeben.[55] Die Allgemeine Staatslehre wurde so zum Auffangbecken für alles, was die Dogmatik mit ihrem am positiven Recht ausgerichteten, systematisierenden Zugriff nicht verarbeiten konnte, vor allem die politischen und gesellschaftlichen Realbereiche des Öffentlichen Rechts. Ihre historische Aufgabe war es, die Sprechfähigkeit der Staatsrechtslehre jenseits der

[54] Vgl. *J. Krüper/A. Pilniok* (Hrsg.), Organisationsverfassungsrecht, 2019.

[55] Vgl. *M. Morlok*, Was heißt und zu welchem Ende studiert man Verfassungstheorie?, 1988, S. 24; *M. Payandeh*, Allgemeine Staatslehre, in: J. Krüper (Hrsg.), Grundlagen des Rechts, 5. Aufl. 2025, § 3 Rn. 2.

Dogmatik zu erhalten und ihre Deutungshoheit gegenüber den jüngeren sozialwissenschaftlichen Disziplinen zu behaupten.

Dass ihr das heute noch gelingen kann, erscheint zweifelhaft. Zwar haben sich die Abgesänge auf die Allgemeine Staatslehre nicht bewahrheitet.[56] Noch immer gibt es Lehrbücher zur Allgemeinen Staatslehre in neueren Auflagen,[57] noch immer finden sich einschlägige Vorlesungen in den Curricula der rechtswissenschaftlichen Fakultäten. Doch ist umgekehrt auch keine „Renaissance der ‚Allgemeinen Staatslehre' im Zeitalter der Europäisierung und Internationalisierung"[58] zu verzeichnen. Der Grund dafür ist nicht so sehr die notorische Unbestimmtheit des Gegenstands „Staat", sondern dessen disziplinäre Verortung. Nur wer den Staat mit der Rechtsordnung gleichsetzt,[59] kann die Allgemeine Staatslehre als Fach betrachten, dessen Sprache die Staatsrechtslehre gestützt auf ihre ausschließliche Zuständigkeit bestimmt. Die heutigen Vertreter der Allgemeinen Staatslehre verstehen den Staat

---

[56] *C. Schönberger*, Der „Staat" der Allgemeinen Staatslehre, in: O. Beaud/E.V. Heyen (Hrsg.), Eine deutsch-französische Rechtswissenschaft, 1999, S. 111 ff.; *C. Möllers*, Staat als Argument, 2000, S. 418 ff.; *O. Lepsius*, EuGRZ 2004, 370 (375 f.); vgl. auch *dens.*, Interdisziplinarität auf der Staatsrechtslehrertagung, in: P. Cancik u.a. (Hrsg.), Streitsache Staat, 2022, S. 753 (760), nach dem die Allgemeine Staatslehre „heute eher als antiquiert" gilt.

[57] *B. Schöbener/M. Knauff*, Allgemeine Staatslehre, 5. Aufl. 2023; *A. Thiele*, Allgemeine Staatslehre, 2. Aufl. 2022; *A. Gamper*, Staat und Verfassung, 5. Aufl. 2021.

[58] *A. Voßkuhle*, Die Renaissance der „Allgemeinen Staatslehre" im Zeitalter der Europäisierung und Internationalisierung, JuS 2004, 2 ff.

[59] *H. Kelsen*, Allgemeine Staatslehre [1925], Studienausgabe 2019, insb. S. 56 ff.

jedoch überwiegend als ein soziales Phänomen, auf dessen Erforschung die Sozialwissenschaften gleichermaßen Anspruch erheben können.[60]

In der ausdifferenzierten Wissenschaftslandschaft des 21. Jahrhunderts ist daher eine Zuständigkeit der Staats*rechts*lehre für den Staat nicht mehr plausibel. Die Allgemeine Staatslehre als monodisziplinär rechtswissenschaftliches Fach muss daher der Staatswissenschaft als interdisziplinärem Fach weichen,[61] das zu den geteilten Zuständigkeiten der Staatsrechtslehre zählt: Hier müssen sich die Mitglieder der öffentlich-rechtlichen *community* mit Politologen, Soziologinnen, Historikern und Ökonominnen verständigen können.[62] Die interdisziplinäre Staatswissenschaft gehört – wie die verwandte Verwaltungswissenschaft – zu den Grundlagenfächern. Die monodisziplinären Gesprächsbedarfe der Staatsrechtslehre jenseits der Dogmatik kann sie nicht (mehr) befriedigen.

2. Verfassungs(rechts)theorie

Die kommunikative Inadäquanz der Allgemeinen Staatslehre lässt den Bedarf nach neueren Sprachangeboten für

---

[60] Zur Interdisziplinarität der Allgemeinen Staatslehre vgl. *B. Schöbener/M. Knauff*, Allgemeine Staatslehre, 5. Aufl. 2023, § 1 Rn. 27 ff.

[61] Vgl. *G. F. Schuppert*, Staatswissenschaft, 2003, S. 45 ff.; *ders.*, Staatswissenschaft(en), in: R. Voigt (Hrsg.), Handbuch Staat, 2018, S. 135 ff.; *A. Voßkuhle*, Die Renaissance der „Allgemeinen Staatslehre" im Zeitalter der Europäisierung und Internationalisierung, JuS 2004, 2 (6): „Neue Staatswissenschaft"; für eine demokratietheoretische Orientierung der Staatswissenschaft *J. v. Achenbach*, Das Recht der Demokratie in der Staatswissenschaft, Der Staat, 64 (2025), 155 ff.

[62] Zweifelnd an der Möglichkeit einer solchen gegenstandsbezogenen Verständigung *C. Möllers*, Staat als Argument, 2000, S. 419.

das Dazwischen entstehen. Gefragt ist nach Sprachen, die jenseits der Dogmatik einen Austausch über das Öffentliche Recht ermöglichen, ohne die Staatsrechtslehre in eine Fremdsprache oder interdisziplinäre Fachsprache zu drängen. Für den Bereich des Verfassungsrechts übernimmt diese Aufgabe die Verfassungstheorie.[63]

Die Verfassungstheorie[64] ist heute als Subdisziplin der Staatsrechtslehre etabliert. Mochte man an ihrem Standort noch vor wenigen Jahren zweifeln,[65] ist die Lage inzwischen geklärt.[66] Letzte Zweifel sind meist Folge einer Begriffsverwirrung: So ist die disziplinäre Verfassungstheorie nicht mit materiellen Verfassungstheorien im Plural zu verwechseln, die nichts anderes sind als kontingente

---

[63] Zur Abgrenzung von Allgemeiner Staatslehre, Staatstheorie und Verfassungstheorie *M. Jestaedt*, Verfassungstheorie als Disziplin, in: O. Depenheuer/C. Grabenwarter (Hrsg.), Verfassungstheorie, 2010, §1 Rn. 5ff.

[64] Der ältere Ausdruck „Verfassungslehre" wird weitgehend synonym gebraucht, akzentuiert allerdings den Wirklichkeitsbezug des Fachs, während „Verfassungstheorie" die Beobachtungsdimension in den Vordergrund stellt; dazu *M. Jestaedt*, Verfassungstheorie als Disziplin, in: O. Depenheuer/C. Grabenwarter (Hrsg.), Verfassungstheorie, 2010, §1 Rn. 3, dort in Fn. 5. Stark materiell orientiert ist die „Verfassungslehre" bei *U. Volkmann*, Grundzüge einer Verfassungslehre der Bundesrepublik Deutschland, 2013; vgl. die Kritik von *O. Lepsius*, JZ 2014, 192f.

[65] Vgl. *M. Jestaedt*, Die Verfassung hinter der Verfassung, 2009, S. 11; *ders.*, Verfassungstheorie als Disziplin, in: O. Depenheuer/C. Grabenwarter (Hrsg.), Verfassungstheorie, 2010, §1 Rn. 3f.

[66] Vgl. nur die jüngsten Einführungs- und Überblicksbeiträge von *A. Ingold*, Verfassungstheorie, in: J. Krüper (Hrsg.), Grundlagen des Rechts, 4. Aufl. 2025, §5, und *M. Honer*, Perspektiven der Verfassungstheorie, JöR 73 (2025), 199ff. sowie die monographische Einführung von *C. Möllers/S. Müller-Mall*, Theorien der Verfassung, 2024.

Lesarten einer bestimmten Verfassung.[67] Die Verfassungstheorie im Singular ist hingegen eine analytische Disziplin. Sie nimmt gegenüber dem geltenden Verfassungsrecht eine Beobachtungsposition ein.[68] Sie beteiligt sich nicht an dogmatischen Konstruktionen, die der Beurteilung von Verfassungsrechtsfragen zugrunde gelegt werden sollen, sondern tritt einen Schritt zurück, wie man dem Titel einer ihrer Programmschriften entnehmen kann: Sie ist „[d]ie Verfassung hinter der Verfassung".[69]

Praxeologisch gesprochen bildet die Verfassungstheorie die „Basis, um verfassungsbezogene Praktiken jenseits des Rechtmäßigkeitsparadigmas zu thematisieren und zu reflektieren".[70] Sie bleibt dabei aber disziplinär an die Verfassungsrechtswissenschaft gebunden; andere Wissenschaftsdisziplinen mögen politische Philosophie, Demokratietheorie usw. betreiben, aber keine Verfassungstheorie im Sinne einer Verfassungs*rechts*theorie.[71] Das heißt nicht, dass die Erkenntnisse anderer Disziplinen für die Verfassungstheorie irrelevant wären. Im Gegenteil ist es gerade die Aufgabe der Verfassungstheorie, diese Erkennt-

---

[67] Unterscheidung nach *U. Volkmann*, Der Staat 2015, 35, der aber davon ausgeht, dass die disziplinäre Verfassungstheorie gegenüber den materiellen Verfassungstheorien „immer nur eine dienend-instrumentelle Funktion erfüllt" (a.a.O., S. 37); dagegen zu Recht *A. Ingold*, Verfassungstheorie, in: J. Krüper (Hrsg.), Grundlagen des Rechts, 4. Aufl. 2025, § 5 Rn. 6.

[68] *A. Ingold*, Verfassungstheorie, in: J. Krüper (Hrsg.), Grundlagen des Rechts, 4. Aufl. 2025, § 5 Rn. 14 ff.

[69] *M. Jestaedt*, Die Verfassung hinter der Verfassung, 2009.

[70] *A. Ingold*, Verfassungstheorie, in: J. Krüper (Hrsg.), Grundlagen des Rechts, 5. Aufl. 2025, § 5 Rn. 5.

[71] Konzeption der Verfassungs(rechts)theorie als demokratieorientierte Rechtswissenschaft bei *O. Lepsius*, Rechtswissenschaft in der Demokratie, Der Staat 52 (2013), 157 (168).

nisse für den rechtswissenschaftlichen Diskurs zu rezipieren und aufzubereiten.[72] Die Verfassungstheorie wird dadurch aber nicht selbst zum interdisziplinären Grundlagenfach, sondern bleibt als Verfassungs*rechts*theorie ein monodisziplinäres Sprachangebot für das Dazwischen der Staatsrechtslehre.[73]

Die so konzipierte Verfassungstheorie vermittelt zwischen Dogmatik und Grundlagen. Verfassungssoziologie, Staatswissenschaft, Staatsphilosophie und politische Theorie geben ihr Impulse, die sie im Dazwischen verarbeiten und an die Dogmatik weiterreichen kann. Auch die Erträge der Verfassungsgeschichte kann die Verfassungstheorie im Dazwischen aufbereiten, zumal der Theoriebildung selbst häufig ein historischer Ansatz zugrunde liegt. Dasselbe gilt für die Erträge der Verfassungsvergleichung,[74] die im Gegensatz zum interdisziplinären Grundlagenfach Verfassungsgeschichte monodisziplinär betrieben wird.[75] Verfassungsvergleichung kann kein Selbstzweck sein, da die Einsicht, dass andere Verfassungen anders sind, kaum

[72] Vgl. *A. Ingold*, Verfassungstheorie, in: J. Krüper (Hrsg.), Grundlagen des Rechts, 5. Aufl. 2025, § 5 Rn. 10, der betont, dass „Verfassungstheorie auch nicht-rechtliche Beobachtungen von Verfassungen umfassen kann und insoweit nicht exklusiv als Teil der Verfassungs*rechts*wissenschaft konzipiert sein muss“ (Herv. im Original).

[73] Anders *A. Ingold*, Verfassungstheorie, in: J. Krüper (Hrsg.), Grundlagen des Rechts, 5. Aufl. 2025, § 5 Rn. 14, der mit der Verfassungstheorie „ein gemeinsames Forum für alle Wissenschaften“ eröffnen will, „die ihre Methodiken und Erkenntnisinteressen mit verfassungsbezogenen Beobachtungen realisieren“.

[74] *S. Baer*, Renaissance der Verfassungsvergleichung?, 2023.

[75] Davon zu unterscheiden ist die Verfassungsvergleichung der Rechtsprechung, die – auch wenn sie wissenschaftlich informiert sein mag – der Rechtspraxis zuzuordnen ist; vgl. *S. Martini*, Vergleichende Verfassungsrechtsprechung, 2018.

eine wissenschaftliche Betätigung rechtfertigen dürfte. Vielmehr schafft die Verfassungsvergleichung einen Wissensbestand über die verschiedenen Gestaltungen und Funktionen von Verfassungen, auf den wiederum verfassungstheoretische Analysen aufbauen können.

Die Vermittlungsleistung der Verfassungstheorie ist keine Einbahnstraße. Als analysierend beobachtende Subdisziplin der Verfassungsrechtswissenschaft identifiziert die Verfassungstheorie auch grundlegende und aktuelle Herausforderungen von Praxis und Dogmatik und bereitet diese für den Grundlagendiskurs auf, vor allem dann, wenn Bedarf an interdisziplinärer Forschung besteht. Die Verfassungstheorie kommuniziert diesen Bedarf an die Rechtswissenschaftler, die sich im jeweiligen Grundlagenfach engagieren. Diese wiederum müssen sprechfähig gegenüber den anderen beteiligten Disziplinen sein, um Forschungsfragen formulieren zu können, die dem theoretischen und – mittelbar – dogmatischen Bedarf Rechnung tragen. Es wäre daher zu kurz gegriffen, die Verfassungstheorie auf ihre Rolle als „Zuliefererdisziplin der Verfassungsdogmatik" zu reduzieren.[76] Sie beliefert nicht minder die Grundlagendiskurse.[77]

---

[76] So tendenziell noch *M. Jestaedt*, Die Verfassung hinter der Verfassung, 2009, S. 20: „Wegen ihrer dienenden Funktion darf sie [die Verfassungstheorie, F. M.] folglich getrost als Korollar-, Ancilliär- oder Zuliefererdisziplin der Verfassungsdogmatik qualifiziert werden."; gleichsinnig *ders.*, Verfassungstheorie als Disziplin, in: O. Depenheuer/C. Grabenwarter (Hrsg.), Verfassungstheorie, 2010, § 1 Rn. 12, jedoch mit der bedeutenden Relativierung, dass die Verfassungstheorie nicht in dieser „dogmatikorientierten Rolle" aufgehe (ausformuliert a. a. O., Rn. 51 f.).

[77] Zur Verfassungstheorie als „[v]erfassungskundliche[r] Relaisdisziplin" für Nachbarwissenschaften, aber auch für Wissenschafts-

Ein Beispiel aus der Gegenwart: Die tagespolitische Diskussion über ein Verbot der AfD befeuert nicht nur den dogmatischen Diskurs über die Voraussetzungen des Parteiverbots, sondern auch die verfassungstheoretische Debatte über normative Ausgestaltungsmöglichkeiten der „wehrhaften Demokratie". Diese wiederum kann als Impulsgeberin für die Grundlagenforschung wirken, etwa für eine verfassungshistorische Untersuchung der Geschichte von Parteiverboten, eine verhaltensökonomische Analyse ihrer politischen Kosten und Nutzen oder eine sozialwissenschaftliche Untersuchung der Auswirkungen von Parteiverboten auf die Akzeptanz des politischen Systems.

Ob dieser Impuls wirkt, hängt nicht zuletzt vom Gelingen des verfassungstheoretischen Gesprächs ab, das auf ein geeignetes Vokabular angewiesen ist, um die Themen im Dazwischen adäquat zu adressieren. Ein Gutteil der gegenwärtigen verfassungstheoretischen Bemühungen wird auf die Erarbeitung und Erweiterung dieses Vokabulars verwendet.[78] Auch wenn die Verfassungstheorie als Fach etabliert ist, ist dieser Prozess nicht abgeschlossen und kann es auch nicht sein. Denn wie das Dazwischen der Staatsrechtslehre ist auch die Verfassungstheorie elastisch: Um zwischen Grundlagen und Dogmatik vermitteln zu können, muss sie offen bleiben für die Fragestellungen und Konjunkturen der jeweiligen Diskurse. Dabei hilft der Verfassungstheorie ihr analytischer Zugriff, der nicht

---

laien *M. Jestaedt*, Verfassungstheorie als Disziplin, in: O. Depenheuer/C. Grabenwarter (Hrsg.), Verfassungstheorie, 2010, § 1 Rn. 51 f.

[78] Vgl. etwa *B. Schiffbauer*, Formale Verfassungslehre, 2021; *M. Honer*, Perspektiven der Verfassungstheorie, JöR 73 (2025), 199 ff.

mit einem sterilen Formalismus zu verwechseln ist, sondern sich dadurch auszeichnet, hinter den Anwendungsbezug zurückzutreten und dadurch eine Perspektive jenseits der Dogmatik einzunehmen.

3. *Verwaltungsrechtstheorie?*

Die Suche nach einem Pendant der Verfassungstheorie für das Verwaltungsrecht endet in einer Fehlanzeige. Eine Verwaltungsrechtstheorie als monodisziplinäres Sprachangebot, das zwischen Dogmatik und Grundlagen vermittelt, gibt es nicht – jedenfalls nicht unter diesem Namen.[79] Die Verwaltungswissenschaft scheidet als Brückensprache aus, da sie aufgrund ihrer interdisziplinären Ausrichtung zu den Grundlagenfächern zählt. Die Neue Verwaltungsrechtswissenschaft[80] wiederum kann ungeachtet ihrer analytischen und methodologischen Leistungen diese Funktion ebenfalls nicht erfüllen.[81] Denn

[79] *F. Reimer*, Fragmentierungen im Öffentlichen Recht, VVDStRL 77 (2018), 413 (442 ff.). Das Gegenmodell einer solchen Theorie entwirft *S. Haack*, Läuterung der Verwaltungsrechtstheorie, RW 2013, 418 ff., der die ausdrücklich so bezeichnete „Verwaltungsrechtstheorie" im Sinne einer „radikale[n] Reduktion des verwaltungsrechtlichen Denkens auf seinen harten juristischen Kern" (S. 420) läutern will. Diesen Kern sieht er in der Beantwortung der Frage, „was als rechtmäßig gilt" (S. 421).

[80] Zum Binnenpluralismus in „der" Neuen Verwaltungsrechtswissenschaft vgl. *J. Kersten*, Neue Verwaltungsrechtswissenschaft, in: W. Kahl/M. Ludwigs (Hrsg.), Handbuch des Verwaltungsrechts, Bd. 1, 2021, § 25 Rn. 7.

[81] Tendenziell anders *F. Reimer*, Fragmentierungen im Öffentlichen Recht, VVDStRL 77 (2018), 413 (442 ff.), nach dem die Neue Verwaltungsrechtswissenschaft „der Sache nach" eine Verwaltungsrechtstheorie anbietet (S. 463), die Bündelung zu einer eigenen

sie ist mit ihrem steuerungswissenschaftlichen Ansatz einer bestimmten Perspektive auf das Verwaltungsrecht verpflichtet, die andere Perspektiven zwar nicht aus-,[82] aber eben auch nicht einschließt. Das „allgemeine Verwaltungsrecht als Ordnungsidee“[83] schließlich kommt einer Verwaltungsrechtstheorie zwar nahe,[84] verfolgt aber mit seinem systembildenden Anspruch einen – wenn auch stark abstrahierenden – dogmatischen Ansatz, der den Gesprächsbedarf *jenseits* der Dogmatik nicht befriedigen kann.[85]

Die Abwesenheit eines Sprachangebots namens „Verwaltungsrechtstheorie“ bedeutet nicht, dass über das Verwaltungsrecht außerhalb des dogmatischen Diskurses nicht gesprochen würde. Das Gegenteil ist der Fall. So

---

Disziplin aber noch aussteht (S. 444). Zum Verständnis der Neuen Verwaltungsrechtswissenschaft als Verwaltungs(rechts)theorie s. *A. Voßkuhle* in diesem Band, S. 53.

[82] Vgl. *A. Voßkuhle*, Neue Verwaltungsrechtswissenschaft, in: ders./M. Eifert/C. Möllers (Hrsg.), Grundlagen des Verwaltungsrechts, Bd. I, 3. Aufl. 2022, § 1 Rn. 26 ff.

[83] *E. Schmidt-Aßmann*, Das allgemeine Verwaltungsrecht als Ordnungsidee, 2. Aufl. 2006.

[84] Vgl. *M. Jestaedt*, Verfassungstheorie als Disziplin, in: O. Depenheuer/C. Grabenwarter (Hrsg.), Verfassungstheorie, 2010, § 1 Rn. 82, dort in Fn. 174, der das Fehlen einer der Verfassungstheorie entsprechenden Reflexionsdisziplin im Privat-, Straf- und Verwaltungsrecht damit erklärt, dass sich diese Teilrechtsordnungen „zumindest in den von der Verfassung vorgehaltenen Rahmen“ einfügen müssen, während die Verfassung als „höchste positivrechtliche Norm(enschicht) [...] keine weitere Norm(enschicht) des positiven Rechts [kenne], in der sie ihre ratio finden, auf die sie sich zurückführen lassen und damit stützen könnte“.

[85] Das gilt ebenso für theoretisch informierte dogmatische Darstellungen des Allgemeinen Verwaltungsrechts, insb. *P. Reimer*, Allgemeines Verwaltungsrecht, 2024.

greift gerade die Neue Verwaltungsrechtswissenschaft zentrale Gesprächsthemen aus dem Dazwischen auf, vor allem Offenheit und Ausdifferenzierung, Rechtserzeugung und Realbereiche – etwas zurückhaltender vielleicht die Demokratisierung. Sie tut dies aber mit ihrem spezifischen, steuerungstheoretischen Ansatz, der zwar in Anspruch nimmt, analytisch zu sein,[86] sich aber gerade nicht auf eine Beobachterposition zurückzieht, wie sie für die Verfassungstheorie charakteristisch ist. Die Neue Verwaltungsrechtswissenschaft will dogmatisch[87] und damit letztlich praktisch wirksam werden.[88]

Ansätze für eine analytisch-beobachtende Theoriebildung finden sich im neueren Verwaltungsrechtsdiskurs zahlreich. Neben theoretisch ambitionierten Dissertationen und Habilitationsschriften etwa zum Informationsverwaltungsrecht,[89] zum Systemdenken im Verwaltungsrecht[90], zu dessen aktionenrechtlicher Rekonstruktion[91]

---

[86] Zum „Steuerungsansatz als Analysewerkzeug" *A. Voßkuhle*, Neue Verwaltungsrechtswissenschaft, in: ders./M. Eifert/C. Möllers (Hrsg.), Grundlagen des Verwaltungsrechts, Bd. I, 3. Aufl. 2022, § 1 Rn. 22 ff.

[87] Vgl. *M. Jestaedt*, Die Verfassung hinter der Verfassung, 2009, S. 23, der den Anspruch (u. a.) der Neuen Verwaltungsrechtswissenschaft, Steuerungswissenschaft zu sein, als „Versuch" deutet, „der Dogmatik durch ‚Eingemeindung' nachbarwissenschaftlicher Aussagen ihre bis dato vorherrschende, nunmehr jedoch gefährdete Stellung auch künftig zu sichern".

[88] Zu „[e]rweiterte[r] Systemperspektive" und „Überwindung des Theorie-Praxis-Bruchs" *A. Voßkuhle*, Neue Verwaltungsrechtswissenschaft, in: ders./M. Eifert/C. Möllers (Hrsg.), Grundlagen des Verwaltungsrechts, Bd. I, 3. Aufl. 2022, § 1 Rn. 46 ff.

[89] *I. Augsberg*, Informationsverwaltungsrecht, 2014.

[90] *P. Hilbert*, Systemdenken in Verwaltungsrecht und Verwaltungsrechtswissenschaft, 2015.

[91] *J. Buchheim*, Actio, Anspruch, subjektives Recht, 2021.

oder zum Funktionswandel des Verwaltungsprozesses[92] ist aus der jüngeren Zeit besonders die Debatte über das Verhältnis von Verwaltung und politischer Gestaltung bemerkenswert, die das Thema der Demokratisierung des Verwaltungsrechts aufgreift.[93] Auch die Bemühungen um eine Wiederbelebung der Rechtsverhältnislehre[94] lassen sich als Reaktion auf das Bedürfnis nach einer verwaltungsrechtlichen Sprache jenseits der Dogmatik deuten. Zu einem universellen Sprachangebot verdichtet sind diese Ansätze zwar noch nicht, doch dürfte das nur eine Frage der Zeit sein. Denn auch die Verwaltungsrechtswissenschaft ist auf ein Sprachangebot angewiesen, das einen Austausch über verwaltungsrechtliche Fragen jenseits der Dogmatik, aber diesseits der Grundlagen ermöglicht.

V. Sprechfähigkeit jenseits der Dogmatik

Verfassungs- und Verwaltungsrechtstheorie können als analytisch-beobachtende Subdisziplinen die allgemeine Sprechfähigkeit der Staatsrechtslehre jenseits der Dogmatik gewährleisten. Sie stellen das Vokabular für Gespräche zwischen Dogmatik und Grundlagen bereit, in denen die Fragen verhandelt werden, die sich weder erschöpfend

---

[92] *B. Völzmann*, Funktionswandel des Verwaltungsprozesses, 2025.

[93] *F. Meinel*, Verwaltung und politische Gestaltung, VVDStRL 84 (2025), 143 ff.; *L. Münkler*, Verwaltung und politische Gestaltung, VVDStRL 84 (2025), 197 ff.

[94] *H. Bauer*, Lehren vom Verwaltungsrechtsverhältnis, 2022; vgl. auch den Tagungsbericht von *A.-L. Priebe*/*E. S. Lenschow*/*E. Böttner*, Das Rechtsverhältnis – Ein Perspektivenwechsel im Öffentlichen Recht, DÖV 2024, 787 ff.

dogmatisieren noch interdisziplinär beantworten lassen. Der kommunikative Erfolg in diesem Dazwischen der Staatsrechtslehre hängt von den Sprachkompetenzen der einzelnen Staatsrechtslehrerinnen und Staatsrechtslehrer ab. Die Kompetenzerwartung ist eine abgestufte: Die Sprache der Dogmatik müssen alle beherrschen. Umgekehrt wird die Beherrschung der Fremd- und Fachsprachen der Grundlagenfächer nur denen abverlangt, die auch interdisziplinäre Forschung betreiben. Ein Indikator dafür sind die Denominationen von Lehrstühlen: Der Bestandteil „Öffentliches Recht" oder „Staats- und Verwaltungsrecht" geht selbstverständlich mit der Erwartung einer dogmatischen Sprachkompetenz einher. Umgekehrt werden Kompetenzerwartungen oder Kompetenzbehauptungen in den Grundlagenfächern meist gesondert ausgewiesen, etwa in den Denominationen „Öffentliches Recht und Rechtsphilosophie" oder „Öffentliches Recht und Verwaltungswissenschaften".

Wie aber verhält es sich mit den Sprachangeboten für das Dazwischen der Staatsrechtslehre? Der nicht mehr seltene[95] Ausweis der Verfassungstheorie in Lehrstuhlbezeichnungen[96] könnte dazu verleiten, sie den Grund-

[95] Anders noch der Befund von *M. Jestaedt*, Die Verfassung hinter der Verfassung, 2009, S. 113 (Anm. 2), der nur einen Lehrstuhl mit der (Teil-)Denomination „Verfassungstheorie" ermitteln konnte, nämlich den früheren Göttinger Lehrstuhl von *C. Möllers*: „Öffentliches Recht, insbesondere Staatsrecht, Rechtsvergleichung und Verfassungstheorie".

[96] Ohne Anspruch auf Vollständigkeit konnte ich im Januar 2026 folgende Lehrstühle oder Professuren mit explizitem Ausweis der Verfassungstheorie ermitteln. C. Bäcker (Bayreuth): „Öffentliches Recht, Verfassungstheorie und Rechtsphilosophie"; M. Borowski (Heidelberg): „Öffentliches Recht, Verfassungstheorie und Rechtsphiloso-

lagenfächern gleichzustellen und besonders ausgewiesenen Mitgliedern der *community* zu überantworten. Doch würde dies ihrer Funktion als Brückensprache zwischen Dogmatik und Grundlagen nicht gerecht: Denn an den Gesprächen im Dazwischen muss sich die gesamte *community* des Öffentlichen Rechts beteiligen können. Durch den gesonderten Ausweis der Verfassungstheorie – vielleicht ja auch bald der Verwaltungsrechtstheorie – wird nur die Arbeit am Vokabular hervorgehoben. Die Beherrschung dieses Vokabulars wird aber von allen erwartet, die sich an den Gesprächen der Staatsrechtslehre beteiligen: diesseits wie jenseits der Dogmatik.

---

phie"; H. M. Heinig (Göttingen): „Abteilung für Verfassungstheorie" im Institut für Öffentliches Recht; S.-P. Hwang (Bonn): „Öffentliches Recht, Rechts- und Verfassungstheorie sowie Rechtsvergleichung"; J. Krüper (Bochum): „Öffentliches Recht, Verfassungstheorie und interdisziplinäre Rechtsforschung"; O. Lepsius (Münster): „Öffentliches Recht und Verfassungstheorie"; S. Schönberger (FU Berlin): „Öffentliches Recht, insbesondere Verfassungsrecht und Verfassungstheorie"; B. Straßburger (Mannheim): „Öffentliches Recht, Finanz- und Steuerrecht sowie Verfassungstheorie"; A. Uhle (Leipzig): „Öffentliches Recht, insbesondere Staatsrecht, Allgemeine Staatslehre und Verfassungstheorie"; L. Viellechner (Bremen), „Öffentliches Recht, insbesondere Verfassungsrecht, Verfassungstheorie, Rechtsphilosophie und Transnationales Recht".

„Zwischenwelten“ Ein Kommentar zu Fabian Michl, Die Sprachen der Staatsrechtslehre – jenseits der Dogmatik

von *Andreas Voßkuhle*

Das gedankenreiche und dichte Referat von *Fabian Michl* macht es schwer, völlig neue Aspekte des Themas in den Blick zu nehmen. Ich möchte daher lediglich zwölf Beobachtungen mit den geneigten Leserinnen und Lesern teilen, die sich unmittelbar auf seinen Text beziehen.

I. Grundannahmen

Ich beginne mit einigen Grundannahmen:

1. Mit *Fabian Michl*[1] möchte ich dafür plädieren, die wissenschaftliche Beschäftigung mit dogmatischen Fragen des öffentlichen Rechts vom Umgang mit dogmatischen

[1] *Fabian Michl*, Die Sprachen der Staatsrechtslehre – jenseits der Dogmatik, in diesem Band, S. 1–42.

Aussagen in der Praxis zu unterscheiden.[2] In der Praxis geht es in aller Regel um die Lösung konkreter Rechtsfragen unter Zeitdruck mit Argumenten, die plausibel und anschlussfähig sind und vor den Höchstgerichten Bestand haben. *Anna-Bettina Kaiser* spricht in diesem Zusammenhang anschaulich von „Gebrauchsdogmatik".[3] Die Wissenschaft interessiert sich eher für die dogmatische Tiefenstruktur und Systematisierung bestimmter Rechtsbereiche. Überlegungen zur Weiterentwicklung der Handlungsformenlehre im Verwaltungsrecht[4] helfen aber zum Beispiel nicht dabei, einen Fall zu lösen. Eine eher pragmatische Überlegung spricht ebenfalls für diese Differenzierung: Wenn wissenschaftliche Texte zum öffentlichen Recht keinen wesentlichen Unterschied zu Praxishandbüchern und anwaltlicher Ratgeber-Literatur aufweisen, besteht für die Politik kein guter Grund, universitäre Rechtswissenschaft zu finanzieren. Die juristische Ausbildung jedenfalls ließe sich auch anders und vor allem günstiger organisieren.

---

[2] Zum Verhältnis von Rechtspraxis und Rechtswissenschaft vgl. zuletzt *Wolfgang Kahl*, Wissenschaft, Praxis und Dogmatik im Verwaltungsrecht, 2020, sowie die Beiträge in: *ders./Ute Mager* (Hrsg.), Verwaltungswissenschaft und Verwaltungsrechtspraxis, 2019.

[3] *Anna-Bettina Kaiser*, Die Öffnung der öffentlich-rechtlichen Methode durch Internationalität und Interdisziplinarität: Erscheinungsformen, Chancen, Grenzen, DVBl. 2014, S. 1102–1108 (1104 f.). Vgl. auch *dies.*, Juristische Methode, Dogmatik und System, in: Wolfgang Kahl/Markus Ludwigs (Hrsg.), Handbuch des Verwaltungsrechts, Bd. I, 2021, § 24 Rn. 46 f. m. w. N.

[4] Vgl. statt vieler *Wolfgang Kahl*, Handlungsformenlehre im Verwaltungsrecht, in: ders./Markus Ludwigs (Hrsg.), Handbuch des Verwaltungsrechts, Bd. V, 2023, § 140 Rn. 72 ff. m. w. N.

2. Ungeachtet der jeweiligen wissenschaftlichen Vorlieben und Spezialgebiete einzelner StaatsrechtslehrerInnen sprechen gute Gründe dafür – und auch darin stimme ich mit *Fabian Michl* überein –, von einer gemeinsamen „öffentlich-rechtlichen Community“ auszugehen, die sich im stetigen Austausch befindet.[5] Wir alle stehen nicht nur zeitlich gesehen auf den Schultern derselben Riesen,[6] wir beziehen uns auch in fast jedem Text immer wieder explizit oder implizit auf die gemeinsamen Grundlagen des öffentlichen Rechts, insbesondere unsere Verfassung. Das ist letztlich auch der Grund, warum die Gesprächskreise und Tagungen der Vereinigung der Deutschen Staatsrechtslehrer existieren und gut besucht sind.

3. Statt zwischen Dogmatik und Grundlagenfächern einen Zwischenraum zu konstruieren, wie *Fabian Michl* es versucht hat,[7] würde ich aber für eine duale Sichtweise plädieren: Die eine Säule der Rechtswissenschaft bilden normative Aussagen[8] über rechtliche Geltungsansprüche[9] (vor allem Interpretation von rechtlichen Normen und Entscheidungen, Beschreibung und Ausbildung von

---

[5] *Fabian Michl*, Die Sprachen der Staatsrechtslehre – jenseits der Dogmatik, in diesem Band, S. 1–42 (3).

[6] Klassisch: *Robert K. Merton*, Auf den Schultern von Riesen. Ein Leitfaden durch das Labyrinth der Gelehrsamkeit, 1980.

[7] *Fabian Michl*, Die Sprachen der Staatsrechtslehre – jenseits der Dogmatik, in diesem Band, S. 1–42 (10 ff.).

[8] Die *Röhls* haben Recht: „‚Normativ‘ ist eine der meist missbrauchten Vokabeln der Rechtssprache“ (*Klaus F. Röhl/Hans Christian Röhl*, Allgemeine Rechtslehre, 3. Aufl. 2008, S. 59). Deshalb habe ich versucht, den Begriff hier zu konkretisieren und mit Beispielen zu unterlegen.

[9] Zum juristischen Geltungsbegriff vgl. überzeugend statt vieler *Robert Alexy*, Begriff und Geltung des Rechts, 2. Aufl. 1994, S. 142 ff.

Dogmatik, Systematisierung von Recht). Von ihr zu unterscheiden sind deskriptive, analytische oder erklärende Aussagen ohne unmittelbaren rechtlichen Geltungsbezug. Dazu gehören aus meiner Sicht die verschiedenen theoretischen Zugänge (z. B. Rechtstheorie, Verfassungstheorie, Verwaltungs[rechts]theorie)[10] und die traditionellen Grundlagenfächer (Rechtsgeschichte, Rechtsphilosophie, Rechtssoziologie, Allgemeine Staatslehre, Verwaltungslehre). Die Annahme von *Fabian Michl,*[11] die theoretischen Zugänge lägen in der ausschließlichen Zuständigkeit der Staatsrechtslehre, bei den Grundlagenfächern bestünde dagegen in der Regel eine geteilte Zuständigkeit, entspricht nicht der Praxis. Sowohl die theoretischen Fächer als auch die Grundlagenfächer werden ganz überwiegend von JuristInnen betrieben. Die Kenntnisse anderer Disziplinen passieren dabei jeweils den Filter einer spezifischen Verwendungstauglichkeit und büßen auf diese Weise zum Teil den ihnen von den anderen Disziplinen zugewiesenen Erklärungsgehalt ein.[12] Diesen Umstand bildet das Zuständigkeitsmodell von *Fabian Michl* nicht hinreichend ab.

An dieser Stelle möchte ich auf eine persönliche Erfahrung hinweisen, für die ich keine richtig gute Erklärung

---

[10] Zu anderen theoretischen Zugängen vgl. z. B. *Sonja Buckel/Ralph Christensen/Andreas Fischer-Lescano* (Hrsg.), Neue Theorien des Rechts, 3. Aufl. 2020; *Jan Krüper* (Hrsg.), Grundlagen des Rechts, 5. Aufl. 2025.

[11] *Fabian Michl*, Die Sprachen der Staatsrechtslehre – jenseits der Dogmatik, in diesem Band, S. 1–42 (8 f.).

[12] So bereits *Andreas Voßkuhle*, Neue Verwaltungsrechtswissenschaft, in: ders./Martin Eifert/Christoph Möllers (Hrsg.), Grundlagen des Verwaltungsrechts, Bd. I, 3. Aufl. 2022, § 1 Rn. 39 m. w. N.

habe, die ich aber wahrscheinlich mit vielen StaatsrechtslehrerInnen teile. Während sich RechtswissenschaftlerInnen häufig für andere Disziplinen ernsthaft interessieren und sich dort auch eine gewisse Expertise aneignen, verspüren VertreterInnen anderer Disziplinen selten das Bedürfnis, sich eingehender mit rechtswissenschaftlichen Fragestellungen zu beschäftigen. *Dieter Grimm* hat diese Wahrnehmung für die Geschichtswissenschaft am Beispiel historischer Standardwerke über die Geschichte der Bundesrepublik anschaulich belegt, in denen die Verfassung und das Bundesverfassungsgericht kaum vorkommen.[13] Mir ist in diesem Zusammenhang noch eine Bemerkung des Kollegen *Hans-Heinrich Trute* nach einem Jahr am Wissenschaftskolleg zu Berlin in Erinnerung. Auf meine Frage, wie denn so der interdisziplinäre Austausch gewesen sei, antwortete er knapp: „Schwierig. Ich habe beschlossen, mich nur noch mit Leuten zu unterhalten, die mindestens halb so viel über meine Disziplin wissen wie ich über ihre.“

4. Entgegen der Ansicht von *Fabian Michl*[14] besteht aus meiner Sicht keine natürliche Grenze für die Dogmatisierung bestimmter Sachverhalte. Im Gegenteil: Im Verfassungsstaat des Grundgesetzes agieren die RechtsakteurInnen häufig wie König Midas. Nur statt zu Gold wird alles, was sie „in die Hand“ nehmen, in Verfassungsrechtsdogmatik verwandelt. Die Überkonstitutionalisierung unserer Rechtsordnung[15] hat in diesem Umstand letztlich ihren

---

[13] *Dieter Grimm*, Die Historiker und die Verfassung, 2022.

[14] *Fabian Michl*, Die Sprachen der Staatsrechtslehre – jenseits der Dogmatik, in diesem Band, S. 1–42 (15 f.).

[15] Zur Entwicklung vgl. *Gunnar Folke Schuppert/Christian Bumke*, Die Konstitutionalisierung der Rechtsordnung, 2000.

Ursprung. Das sage ich auch durchaus selbstkritisch als ehemaliger Verfassungsrichter. Deshalb ist es so wichtig, innerhalb der Staatsrechtslehre auch andere Sprachen als die der Rechtsdogmatik zu pflegen.[16]

II. Gesprächsthemen

Welche Gesprächsthemen sind trotz der Dominanz der Sprache der Dogmatik unterbelichtet? *Fabian Michl* identifiziert fünf „Gesprächsthemen im Dazwischen", die seiner Auffassung nach einerseits „nicht dogmatisierbar sind", sich aber auch nicht für die „interdisziplinäre Forschung in den Grundlagenfächern anbieten". Dazu fünf Bemerkungen:

5. Anders als *Fabian Michl* meint, führt meines Erachtens – wie bereits dargelegt – die Offenheit des öffentlichen Rechts keineswegs zu einer Überforderung der Dogmatik. So lässt sich etwa der von ihm als Beispiel für eine Überforderung angeführte Anwendungsvorrang des Unionsrechts[17] ohne weiteres dogmatisieren, obwohl er nirgendwo im Grundgesetz oder den Verträgen ausdrücklich normiert ist. Dass der Europäische Gerichtshof und das Bundesverfassungsgericht diesbezüglich bekanntlich unterschiedliche Rechtsansichten vertreten, spricht nicht

---

[16] Zu diesem Argument *Andreas Voßkuhle*, Die Renaissance der „Allgemeinen Staatslehre" im Zeitalter der Europäisierung und Internationalisierung, JuS 2004, S. 2–7 (2).

[17] *Fabian Michl*, Die Sprachen der Staatsrechtslehre – jenseits der Dogmatik, in diesem Band, S. 1–42 (15 f.).

gegen die Normativität der von den Gerichten jeweils getroffenen Entscheidungen.[18]

6. Zweifel habe ich auch hinsichtlich der Einschätzung, das öffentliche Recht zeichne sich im Vergleich zum Privat- und Strafrecht durch eine größere Ausdifferenzierung aus.[19] Alle drei Rechtsgebiete kämpfen mit der Überlagerung durch das Unionsrecht und internationalrechtliche Einflüsse, was zu einer jeweils deutlichen Komplexitätssteigerung geführt hat. Kartellrecht und Wirtschaftsstrafrecht, um nur zwei Beispiele zu nennen, erscheinen auf den ersten Blick nicht weniger kompliziert als etwa das deutsche Umwelt- und Vergaberecht.

7. Zutreffend ist dagegen sicherlich die Beobachtung, dass Fragen der Rechtserzeugung von der Rechtsdogmatik nicht hinreichend verarbeitet werden.[20] Einen wichtigen Beitrag leistet hier die von *Peter Noll*[21] und *Jürgen Rödig*[22] inspirierte Gesetzgebungslehre, die im Übrigen ebenfalls zur Domäne der JuristInnen gehört.[23] Aus meiner Sicht dürfen wir aber bei der Betrachtung des Gesetzgebungsverfahrens und des Gesetzgebungshandwerks nicht stehen bleiben. Nicht von ungefähr hat insbesondere die Beschäftigung mit Regulierungsfragen in den letzten drei

[18] Vgl. dazu *Andreas Voßkuhle*, in: Peter M. Huber/Andreas Voßkuhle (Hrsg.), GG, 8. Aufl. Bd. III, 2024, Art. 93 Rn. 82 ff. m. w. N.

[19] *Fabian Michl*, Die Sprachen der Staatsrechtslehre – jenseits der Dogmatik, in diesem Band, S. 1–42 (16 f.).

[20] *Fabian Michl*, Die Sprachen der Staatsrechtslehre – jenseits der Dogmatik, in diesem Band, S. 1–42 (18 ff.).

[21] *Peter Noll*, Gesetzgebungslehre, 1973.

[22] *Jürgen Rödig* (Hrsg.), Studien zu einer Theorie der Gesetzgebung, 1976.

[23] Näher *Hans Schneider*, Gesetzgebung, 3. Aufl. 2002; *Armin Steinbach*, Rationale Gesetzgebung, 2017.

Jahrzehnten im öffentlichen Recht[24] den Schwerpunkt der Forschungstätigkeit mehr und mehr verlagert von einer anwendungsbezogenen Interpretationswissenschaft hin zu einer rechtssetzungsorientierten Handlungs- und Entscheidungswissenschaft.[25]

8. Dass sich eine Normwissenschaft mit den Realbereichen des Rechts schwertut,[26] darf niemanden überraschen.[27] Ohne Kenntnisse der sozialen, politischen, ökonomischen, kulturellen, technologischen oder ökologischen Realitätsannahmen und der konkreten Umstände des Falles bleibt Rechtswissenschaft artifiziell und „blind" und verfehlt ihre Aufgabe. Ob „informiertes Dilettieren" in dem Bewusstsein, sich „nötigenfalls interdisziplinär informieren zu können",[28] der Bedeutung des Realbereichs für die Rechtsanwendung wie für die Rechtsgestaltung hinreichend Rechnung trägt, erscheint mir daher zweifelhaft.[29] Die Problematik der gerichtlichen

---

[24] Vgl. statt vieler *Michael Fehling/Matthias Ruffert* (Hrsg.), Regulierungsrecht, 2010.

[25] So *Andreas Voßkuhle*, Methode und Pragmatik im Öffentlichen Recht, in: Hartmut Bauer u.a. (Hrsg.), Umwelt, Wirtschaft und Recht, 2002, S. 171–195 (179 ff.). Vgl. auch *ders.*, Verwaltungsrechtswissenschaft (Fn. 12), § 1 Rn. 15.

[26] So *Fabian Michl*, Die Sprachen der Staatsrechtslehre – jenseits der Dogmatik, in diesem Band, S. 1–42 (21 ff.).

[27] Vgl. nur *Niels Petersen/Konstantin Chatziathanasiou*, Empirische Verfassungsrechtswissenschaft, AöR 144 (2019), S. 501–535; *Ino Augsberg*, Verwaltung und Empirie, in: Wolfgang Kahl/Markus Ludwigs (Hrsg.), Handbuch des Verwaltungsrechts, Bd. I, 2021, § 27, jeweils m. w. N.

[28] So *Fabian Michl*, Die Sprachen der Staatsrechtslehre – jenseits der Dogmatik, in diesem Band, S. 1–42 (22 f.).

[29] Näher *Voßkuhle*, Verwaltungsrechtswissenschaft (Fn. 12), § 1 Rn. 29 ff.

Verwertung von Sachverständigenaussagen[30] und die in den letzten Jahrzehnten vernachlässigte Rechtstatsachenforschung[31] deuten eher auf Desiderate hin. Oder anders formuliert: Wir wurschteln uns hier durch. Dazu mag es häufig keine praktische Alternative geben. Befriedigend ist dieser Zustand aber nicht. Eine Bereicherung stellen insofern die aus dem US-amerikanischen Verfassungsrecht stammenden „Empirical Constitutional Studies“ dar.[32]

9. Ob und wie das öffentliche Recht demokratisiert werden sollte,[33] ist letztlich eine Frage, die die Demokratie selbst beantworten muss. Die Entscheidung des Verfassungsgebers für eine Ewigkeitsgarantie (Art. 79 Abs. 3 GG) und die Möglichkeit eines Parteienverbots (Art. 21 Abs. 2 GG) begrenzen z. B. den demokratischen Diskurs, beide Institute sind aber nicht antidemokratisch, weil sie die demokratische Diskursfähigkeit dauerhaft erhalten wollen.[34] Es ist Aufgabe der Staatsrechtslehre, solche Arrangements zu reflektieren.[35]

---

[30] Weiterführend z. B. *Patrick Scholl*, Der private Sachverständige im Verwaltungsrecht, 2005. Aus der Praxis: *Katharina Bleutge/Wolfgang Roeßner*, Sachverständigenrecht, 7. Aufl. 2026.

[31] Zur Ausgangslage *Andreas Voßkuhle*, Verwaltungsdogmatik und Rechtstatsachenforschung. Eine Problemskizze, VerwArch. Bd. 85 (1994), S. 567–585 m. w. N.

[32] Vgl. etwa *Adam Chilton/Mila Versteeg*, How Constitutional Rights Matter, 2020.

[33] So *Fabian Michl*, Die Sprachen der Staatsrechtslehre – jenseits der Dogmatik, in diesem Band, S. 1–42 (23 ff.).

[34] Zur wehrhaften Demokratie vgl. nur den Überblick bei *Andreas Voßkuhle/Anna-Bettina Kaiser*, Wehrhafte Demokratie, JuS 2019, S. 1154–1157 m. w. N.

[35] Ein Beispiel: *Anna-Bettina Kaiser*, Ausnahmeverfassungsrecht, 2020.

III. Sprachangebote

Was schließlich die von *Fabian Michl* thematisierten Sprachangebote angeht, so möchte ich mich auf drei abschließende Bemerkungen beschränken.

10. Wenig überzeugend finde ich die These, Verfassungstheorie zeichne sich durch eine „Beobachtungsposition" aus.[36] Jede Theorie ist von Vorverständnissen und Grundannahmen geprägt[37] und jede Theorie tendiert dazu, Einfluss auf unsere Wahrnehmungen und Wirklichkeitsbeschreibungen zu nehmen. Dieser Latenz sollte man sich bewusst sein. Wenn wir etwa die Verfassungstheorie von *Peter Häberle*[38] oder die „Theorie der Grundrechte" von *Robert Alexy*[39] heranziehen, folgen daraus bestimmte dogmatische Konsequenzen. Auch die Verfassungslehren von *Görg Haverkate*[40] und *Uwe Volkmann*[41] weisen einen deutlichen materialen Gehalt auf. Und selbst die Reine Rechtslehre von *Hans Kelsen* kommt ohne einige inhalt-

---

[36] *Fabian Michl*, Die Sprachen der Staatsrechtslehre – jenseits der Dogmatik, in diesem Band, S. 1–42 (33).

[37] Vgl. etwa *Christian Bumke*, Verfassungsstaat und Verfassung. Studie zur Verfassungstheorie des liberalen demokratischen Verfassungsstaates mit unabhängiger Verfassungsgerichtsbarkeit, 2023, S. 68 ff. und passim.

[38] Vgl. aus dem umfangreichen Werk nur *Peter Häberle*, Verfassung als öffentlicher Prozess. Materialien zu einer Verfassungstheorie der offenen Gesellschaft, 1978; *ders./Markus Kotzur*, Europäische Verfassungslehre, 8. Aufl. 2016.

[39] *Robert Alexy*, Theorie der Grundrechte, 1986.

[40] *Görg Haverkate*, Verfassungslehre. Verfassung als Gegenseitigkeitsordnung, 1992.

[41] *Uwe Volkmann*, Grundzüge einer Verfassungslehre der Bundesrepublik Deutschland, 2013.

liche Grundannahmen, z. B. einer relativistischen Gerechtigkeitsvorstellung,[42] nicht aus.

11. Daher würde ich die „Neue Verwaltungsrechtswissenschaft" auch gerne mit dem Etikett „Verwaltungsrechtstheorie" versehen.[43] Sie erweitert das herkömmliche juristische Systemdenken[44] um zwei Arbeitsschritte. Am Anfang der wissenschaftlichen Analyse steht die Reflexion und Ordnung der diffusen Verwaltungsrealität im Wege einer typologischen, am Steuerungsgedanken orientierten Aufbereitung, der lediglich eine heuristische Funktion zukommt. Es folgt die Ausbildung neuer Leitideen und erkenntnisleitender (Schlüssel-)Begriffe, bevor in einem dritten – vertrauten – Schritt allgemeine Rechtsprinzipien, Institute und Handlungsformen entwickelt werden. „Neu" ist hier lediglich, dass Organisation, Personal und Finanzen in diese Überlegungen ebenso inbegriffen sind wie „weiche Maßstäbe", wie z. B. Effizienz, Akzeptabilität oder Praktikabilität.[45]

12. Die schöne Metapher von den verschiedenen „Sprachen" jenseits der Dogmatik führt am Ende meiner

---

[42] Vgl. *Hans Kelsen*, Was ist Gerechtigkeit?, 2. Aufl. 1975 (1953).

[43] Der Sprachgebrauch ist hier uneinheitlich: Von einer „Theorie des Allgemeinen Verwaltungsrechts" spricht etwa *Heiko Faber*, Verwaltungsrecht, 4. Aufl. 1995. Die Verwaltungswissenschaften bevorzugen den Terminus „Verwaltungstheorie", vgl. nur *Hans-Peter Bull*, Die Krise der Verwaltungstheorie, VerwArch. Bd. 103 (2012), S. 1–30. Eine Verwaltungstheorie ohne Verwaltungsrecht macht aber wenig Sinn.

[44] Zum Systemdenken im vorliegenden Zusammenhang vgl. nur *Patrick Hilbert*, Systemdenken in Verwaltungsrecht und Verwaltungsrechtswissenschaft, 2015. Klassisch: *Claus-Wilhelm Canaris*, Systemdenken und Systembegriff in der Jurisprudenz, 2. Aufl. 1983.

[45] So *Voßkuhle*, Verwaltungsrechtswissenschaft (Fn. 12), § 1 Rn. 46.

Überlegungen zu der auch von *Fabian Michl*[46] kurz gestreiften Frage, wie viele Sprachen die StaatsrechtslehrerInnen denn eigentlich sprechen müssen, wobei wir über viele Zugänge noch gar nicht näher nachgedacht haben: Rechtsvergleichung,[47] Ökonomische Analyse des Rechts,[48] Verwaltungswissenschaften[49] und Rechtspolitik[50] mögen insoweit als Stichworte genügen. Vielleicht hilft hier das Gymnasium als Metapher für die Suche nach einer Antwort. Rechtsdogmatik als „Muttersprache" müssen alle sprechen, aber nur manche belegen den „Deutsch-Leistungskurs". Vertiefte Kenntnisse in *einer* Fremdsprache und zumindest Grundkenntnisse in einer *zweiten* Fremdsprache dürfen grundsätzlich erwartet werden. Das sollte ausreichen, um im Gespräch zu bleiben!

[46] *Fabian Michl*, Die Sprachen der Staatsrechtslehre – jenseits der Dogmatik, in diesem Band, S. 1–42 (41 f.).

[47] Vgl. statt vieler *Uwe Kischel*, Rechtsvergleichung, 2. Aufl. 2026, sowie die Beiträge in: *Armin von Bogdandy/Eberhard Schmidt-Aßmann* (Hrsg.), Theorising Comparative Public Law. A Reader from Germany, 2024.

[48] Vgl. dazu *Horst Eidenmüller*, Effizienz als Rechtsprinzip. Möglichkeiten und Grenzen der ökonomischen Analyse des Rechts, 4. Aufl. 2015; *Nils Petersen/Emanuel V. Towfigh* (Hrsg.), Ökonomische Methoden des Rechts. Eine Einführung für Juristen, 3. Aufl. 2023; *Michael Rodi*, Ökonomische Analyse des Öffentlichen Rechts, 2014.

[49] Vgl. nur *Gunnar Folke Schuppert*, Verwaltungswissenschaft. Verwaltung, Verwaltungsrecht, Verwaltungslehre, 2000.

[50] Vgl. statt vieler *Winfried Kluth*, Aufgaben und Perspektiven der Rechtspolitik, ZRP 2017, S. 194–197.

Mit und jenseits der Dogmatik

Eine deutsch-französische Perspektive auf verschiedene Denkweisen im Öffentlichen Recht

von *Aurore Gaillet*

I. Einleitung: zwei unterschiedliche Gedankenwelten: eine französische Sicht auf den *German Approach*[1]

„Die Sprachen der Staatsrechtslehre": Der Titel lädt uns dazu ein, nicht über die Sprache des Rechts nachzudenken, sondern über die Sprache der Juristen über das Recht, einen Metadiskurs über das Öffentliche Recht zu führen. Es gibt jedoch mehrere Arten von Metadiskursen, die mehr oder weniger vom geltenden positiven Recht entfernt sind. Einerseits eine Art, die sich in der Außenperspektive zum Recht befindet und einen reflexiven und analytischen Standpunkt zu diesem einnehmen will, und andererseits die „Dogmatik", die „einen internen Standpunkt vertritt, da sie am Prozess der Rechtsetzung beteiligt ist", und sich bemüht, „einen Beitrag [...] zum guten Funktionieren der Rechtsordnung zu leisten, indem sie für Kohärenz sorgt, Dissonanzen beseitigt und Wider-

[1] *Christoph Schönberger*, Der „German Approach". Die deutsche Staatsrechtslehre im Wissenschaftsvergleich, Mohr Siebeck, Tübingen 2015, S. 1–53 (31–32, 42 f.).

sprüche auflöst".[2] Diese Unterscheidung gibt es sowohl in Frankreich als auch in Deutschland.

In Frankreich wird das Wort „dogmatisch" jedoch selten verwendet – in keinem Fall wird von einer „verdrängenden Präsenz" der Dogmatik gesprochen –, oder sogar missverstanden, wenn der Begriff mit „dogmatischen", feststehenden, kategorisch geäußerten Meinungen gleichgesetzt wird. Aus wissenschaftlicher Sicht ist sein Zusammenhang mit der Rechtslehre (*doctrine*) zudem nicht eindeutig geklärt, da letztere abwechselnd entweder als Äquivalent zur „Dogmatik" oder zur „Rechtswissenschaft" verwendet wird,[3] was zu Verwirrung führt.

In Deutschland ist die Betrachtung der Dogmatik als Rechtssprache weit weniger ambivalent. Was zunächst ihre Bedeutung betrifft, besteht kaum Zweifel an der Dominanz dieser Sprache: Sie ist „Idiom der Staatsrechtslehre",[4] ihre „Muttersprache". Es ist daher leicht verständlich, dass diese Dominanz Kritik hervorruft und dazu

---

[2] *Jacques Chevallier*, Doctrine juridique et science juridique, in: Droit et société, 50, 2002/1, S. 105. S. auch *Étienne Picard*, „Science du droit" ou „doctrine juridique", in: L'unité du droit. Mélanges en hommage à Roland Drago, Economica, Paris 1996, S. 119–171.

[3] Für *Jacques Chevallier* (Fn. 2) sind „science juridique" (Rechtswissenschaft) und „dogmatique" (Dogmatik) verbunden. Für andere bezieht sich Dogmatik eher auf eine „spezifische Form der wissenschaftlichen Rechtssprache" (*Véronique Champeil-Desplats*, Méthodologie du droit et des sciences sociales, Dalloz, Paris 2014, S. 28). S. auch *Michel Troper*, Science du droit et dogmatique, in: La théorie du droit, le droit, l'État, PUF, Paris 2001; *Christophe Jamin/Philippe Jestaz*, La doctrine, Dalloz, Paris 2004, S. 157.

[4] *Klaus Ferdinand Gärditz*, Das deutsche Juristenlatein. Dogmatik als Idiom der Staatsrechtslehre, in: FAZ vom 31.08.2022, Nr. 202, S. N3.

auffordert, Sprachen jenseits davon zu denken und sie durch andere Sprachangebote zu ergänzen – warum nicht durch „Dialekte", die aus Erkenntnissen anderer Wissenschaften stammen? Was ihre Definition angeht, verweist die Dogmatik ohne große Schwierigkeiten auf eine spezifische juristische Methode, die vom positiven Recht ausgeht (rechtliche Methode) oder auf eine Methode der „systematisierenden Aufbereitung des geltenden Rechts, die auf dessen Anwendung bezogen ist", wenn wir die „Arbeitsdefinition" von *Fabian Michl* aufgreifen.

Das Verhältnis der Rechtswissenschaft zur Dogmatik ist daher in Frankreich und Deutschland sehr unterschiedlich. Und es ist auch die Aufgabe und der Nutzen der Rechtsvergleichung, unsere Denkmodelle zu bereichern, indem sie Unterschiede und Analogien aufzeigt und sie in die kulturellen, historischen und politischen Traditionen jedes Landes einordnet.

Dabei soll angemerkt werden, dass es im Folgenden in erster Linie um Verfassungsrecht gehen wird; das Verwaltungsrecht wird allenfalls beiläufig mitbehandelt: Es entspricht zum einen der französischen Strukturierung, die eine deutlichere Trennung zwischen beiden Bereichen des öffentlichen Rechts vorsieht.[5] Außerdem erlaubt diese Schwerpunktsetzung, zwei unterschiedliche Entwicklungen zu betonen: Die Verwaltungsrechtswissenschaft erlebte bereits Ende des 19. Jahrhunderts eine frühe Entwicklung, ausgehend von der Rechtsprechung des Staatsrats

[5] *Michel Fromont/Aurore Gaillet*, Die Staatsrechtslehrervereinigung aus französischer Perspektive, in: Pascale Cancik/Andreas Kley/Helmut Schulze-Fielitz/Christian Waldhoff/Ewald Wiederin (Hrsg.), Streitsache Staat. Die Vereinigung der Deutschen Staatsrechtslehrer (1922–2022), Mohr Siebeck, Tübingen 2022, S. 893–910.

(*Conseil d'Etat*), des höchsten Verwaltungsgerichts (ohne hier von seiner Funktion als hoher Beratungsinstanz zu sprechen), die schnell zu einem Staatsratspositivismus[6] führte. Die Kritik an dieser Überdeterminierung des „prozessualen Ansatzes", der die „Identität" des französischen Verwaltungsrechts prägt, ähnelt hier der Kritik der deutschen Dogmatik.[7] Viel schwieriger war dagegen die Bestimmung der Verfassung als Norm und des Verfassungsrechts als Recht, das von einem Richter ausgelegt und systematisiert wird.[8]

Im ersten Teil dieses Kommentars werden zwei historische Etappen der Entwicklung der französischen Verfassungsrechtslehre aufgezeigt, um die Unterschiede zum deutschen Recht zu verdeutlichen (II). Anschließend werden rechtsvergleichende Vorschläge unterbreitet, um über die Sprachangebote jenseits der Dogmatik diesseits und jenseits des Rheins vergleichend nachdenken zu können (III).

---

[6] *Olivier Jouanjan*, Diskursvergleich im Verfassungs- und Verwaltungsrecht, in: VVDStRL 77 (2018), S. 351–411 (401).

[7] *Anne Jacquemet-Gauché*, Alter ego. En quête d'un droit administratif français, La Mémoire du Droit, Paris 2026, S. 56 ff. Mehrere Gründungsväter des französischen Verwaltungsrechts waren auch Mitglieder des *Conseil d'État*.

[8] So konnte Etienne François noch 2012 feststellen, dass „bis heute […] für die Mehrheit der Franzosen das Bürgerliche Gesetzbuch und nicht die Verfassung die wichtigste rechtliche Referenz dar[stellt]" (*Etienne François*, La Cour constitutionnelle fédérale et la culture juridique allemande, in: Le Débat, 2012/1, Nr. 168, S. 81–90) (Übers. der Verf.). S. auch: *Jean Carbonnier*, Le Code civil, in: Pierre Nora (Hrsg.), Les lieux de mémoire, Bd. 2, Gallimard, Paris 1986, S. 309.

II. Zwei geschichtliche Etappen zum Verständnis der Beziehung zur Dogmatik in Frankreich

Um zu verstehen, warum die Dogmatik in Frankreich nicht die vorherrschende Sprache der Juristen ist, bedarf es einer Klärung der Etappen der Entstehung des Verfassungsrechts als Disziplin. Wenn man von einer langen Zeit „ohne Dogmatik" sprechen kann, so liegt das insbesondere an der Wahrnehmung der Verfassung, die – wie soeben erwähnt – lange Zeit eher als politisches denn als normatives Instrument wahrgenommen wurde (1.).

Hinzu kommt eine institutionelle Begründung, die mit den Besonderheiten der Beziehungen zwischen Verfassungsrecht, Staatsrechtslehre und Verfassungsrat zusammenhängt: Für einen Deutschen mag es überraschend sein, dass es nicht die Einrichtung des *Conseil constitutionnel*, das heißt des Verfassungsrats war, der als französisches Pendant zum Bundesverfassungsgericht in der Fünften Republik von 1958 neu errichtet wurde und den maßgeblichen Anstoß für die Herausbildung der (Verfassungs-)Dogmatik gegeben hat. Es waren weitaus spätere Schritte, die es ermöglichten, Rechtswissenschaft und Rechtsprechung einander anzunähern und den Weg zu einer neuen französischen Dogmatik einzuschlagen. Diese bleibt jedoch von einem – wenn man so will – „militanten" Charakter geprägt, der sie nach wie vor von der deutschen Dogmatik unterscheidet (2).

1. Ohne Dogmatik: historische Gleichgültigkeit

Um zu erklären, warum in Frankreich von einer historischen Gleichgültigkeit gegenüber der Dogmatik gesprochen werden kann, muss man zwei Phasen unterscheiden: eine ältere, die mit der Entstehung der Disziplin „Verfassungsrecht" zusammenhängt, und eine neuere, die mit der Gründung des Verfassungsrats verbunden ist, dessen Zugehörigkeit zur Kategorie der Verfassungsgerichte anfangs nicht sicher war.

a) Eine von der Dogmatik entfernte disziplinäre Entwicklung

Historisch betrachtet ist bekanntlich die Dogmatik als Begriffs- und Konstruktionsarbeit für die Herausbildung der deutschen Staatsrechtslehre als wissenschaftliche Disziplin im 19. Jahrhundert entscheidend.[9] In Frankreich wurden zwar Autoren wie *Raymond Carré de Malberg* (1861–1935) von der deutschen Rechtswissenschaft beeinflusst.[10] Er ist jedoch vor allem ein gutes Beispiel für eine „französische Staatsrechtslehre, die sich mit den Deutschen gegen die Deutschen behaupten" musste[11]. Insgesamt vertraten die

---

[9] Für eine Gesamtperspektive: *Olivier Jouanjan*, Histoire de la science du droit constitutionnel, in: Michel Troper/Dominique Chagnollaud (Hrsg.), Traité international de droit constitutionnel, Bd. 1, Dalloz, Paris 2012, S. 69–111.

[10] *Éric Maulin*, La théorie de l'État de Carré de Malberg, PUF, Léviathan, Paris 2003; *Aurore Gaillet*, L'individu contre l'État. Essai sur l'évolution des recours de droit public dans l'Allemagne du XIXe siècle, Dalloz, Paris 2012, S. 291 ff.

[11] *Olivier Jouanjan*, Die Krise der französischen Verfassungsrechtswissenschaft um 1900, Zeitschrift der Savigny-Stiftung für Rechts-

meisten der französischen klassischen Autoren nicht eine systematische Art und Weise, das Recht zu denken. So interessierten sich zum Beispiel *Léon Duguit* (1859–1928) und *Maurice Hauriou* (1856–1929),[12] zwei herausragende und wirkmächtige französische Öffentlichrechtler, mehr für die soziologische und politische Verankerung des Verfassungsrechts denn für dessen dogmatische Aufbereitung.

Anfang des 20. Jahrhunderts war dann die französische Art, sich mit Verfassungsrecht zu befassen, von einer empiristischen Tradition der Sozialwissenschaften geprägt: Verfassungsrecht war grundsätzlich Politikwissenschaft. Hauptfigur dieser Generation, die in die Fußstapfen von *Adhémar Esmein* (1848–1913) trat, war *Joseph Barthélemy* (1874–1945).[13] Noch in der Vierten Republik (1946–1958) blieb diese Tradition vorherrschend: Auch wenn die großen Staatslehren des 19. Jahrhunderts aufgegeben wurden, beförderte und bestätigte das nach dem Zweiten Weltkrieg gewachsene massive Interesse an den Politikwissenschaften die Vorstellung, dass die Verfassungsrechtswissenschaft eine empirische Disziplin ist, deren Gegenstand

---

geschichte – Germanistische Abteilung 126 (2009), S. 98 ff.; *ders.*, Diskursvergleich (Fn. 6), S. 394 ff.

[12] *Léon Duguit*, Traité de droit constitutionnel, Bd. 1, E. de Boccard, 3. Aufl., Paris 1927, S. 705; *Maurice Hauriou*, Principes de droit public, Recueil Sirey, Paris 1910; *ders.*, Précis de droit constitutionnel, Recueil Sirey, 2. Aufl., Paris 1929, wiederabgedr. Dalloz, Paris 2014. S. dazu: *Benoît Plessix*, Droit administratif général, LexisNexis, 5. Aufl., Paris 2024, S. 793 ff.

[13] *Joseph Barthélemy/Paul Duez*, Traité élémentaire de droit constitutionnel, Dalloz, 1. Aufl., Paris 1926. Dazu: *Olivier Beaud*, Joseph Barthélémy ou la fin de la doctrine constitutionnelle classique, in: Droits 2000/32, S. 89.

die Staatsgewalt ist. So konzentrierten sich Autoren wie *Marcel Prélot* (1898–1972)[14] und vor allem *Maurice Duverger* (1917–2014) auf die institutionelle Praxis.[15] In dieser „politistischen Denkrichtung" (*tendance politiste*)[16] hatte Dogmatik keinen Platz: Es wurden politische Sachverhalte und Institutionen untersucht, während die dogmatisch-systematische Untersuchung des Verfassungstextes fast vollständig fehlte. Dies galt auch noch zu Beginn der Fünften Republik, in der der Einfluss von *Maurice Duverger* nach wie vor groß war. Wenn er das Ziel verkündete, „das Verständnis des Staates und der Verfassungen vom metaphysischen Zeitalter ins positive Zeitalter zu überführen",[17] stand „positiv" nicht für „dogmatisch", sondern vielmehr für eine empirische Analyse der politischen Systeme. Im Jahr 1960, als die deutsche Dogmatik die Entscheidungen *Lüth* (1958) und *Elfes* (1957) bereits kanonisiert hatte, wurde der Titel von *Duvergers* Lehrbuch

---

[14] *Marcel Prélot*, Précis de droit constitutionnel, Dalloz, 1. Aufl., Paris 1952; *ders.*, Précis d'histoire des idées politiques, Dalloz, 1. Aufl., Paris 1959.

[15] *Maurice Duverger*, Les partis politiques, Armand Colin, Paris 1951.

[16] *Olivier Beaud*, Léo Hamon et le Conseil constitutionnel, in: Samy Benzina/Julien Jeanneney (Hrsg.), La doctrine et le Conseil constitutionnel, Dalloz, Paris 2024, S. 13–36 (33); *Guillaume Drago*, Le contentieux constitutionnel. Essor et légitimation d'une discipline (Table ronde), in: Samy Benzina/Julien Jeanneney (Hrsg.), La doctrine et le Conseil constitutionnel, Dalloz, Paris 2024, S. 213. S. auch *Jacques Chevallier*, Droit constitutionnel et institutions politiques; les mésaventures d'un couple fusionnel, in: Mélanges Pierre Avril, LGDJ, Paris 2001, S. 183.

[17] *Maurice Duverger*, Institutions politiques et droit constitutionnel, PUF, 4. Aufl., Paris 1959, S. VII (« faire passer l'étude de l'État et des Constitutions de l'âge métaphysique à l'âge positif »).

geändert: Das „Verfassungsrecht" und die „politischen Institutionen" tauschten die Reihenfolge, so dass nunmehr letztere ersterem vorangingen.[18]

Dies lässt sich auch dadurch erklären, dass die Einrichtung des *Conseil constitutionnel* im Jahr 1958 als solche für die Entwicklung der französischen Rechtssprache nicht entscheidend war.

b) 1958–1971: Novum des Verfassungsrats, aber kein *Game Changer*

Für einen Franzosen ist es höchst interessant, die Bedeutung der ersten Phase des deutschen Grundgesetzes zu beobachten, in der das Bundesverfassungsgericht das Bedürfnis erfüllte, die verfassungsrechtlichen Normen mit Inhalt zu füllen,[19] und in der sich die deutsche Rechtswissenschaft mit den dogmatischen Tiefenstrukturen und der Systematisierung der Rechtsprechung beschäftigte – in der insgesamt die Einrichtung des Bundesverfassungsgerichts ein „*Game Changer*"[20] war, was eine gemeinsame Sprache zwischen Wissenschaft und Rechtsprechung begünstigte.

---

[18] *Maurice Duverger*, Droit constitutionnel et institutions politiques, PUF, 1. Aufl., Paris 1955; *ders.*, Institutions politiques et droit constitutionnel, PUF, 5. Aufl., Paris 1960.

[19] *Aurore Gaillet*, La Cour constitutionnelle fédérale allemande. Reconstruire une démocratie par le droit (1945–1961), La Mémoire du Droit, Paris 2021.

[20] *Matthias Jestaedt*, Phänomen Bundesverfassungsgericht: Was das Gericht zu dem macht, was es ist, in: ders./Oliver Lepsius/Christoph Möllers/Christoph Schönberger, Das entgrenzte Gericht, Suhrkamp, Berlin 2011, S. 131; *Ino Augsberg*, Lob der Dogmatik, in: Rescriptum 4 (2014), S. 63 ff.; *Matthias Jestaedt*, Die deutsche Staatsrechtslehre im europäisierten Rechtswissenschaftsdiskurs, in: JZ 67

In Frankreich bot umgekehrt die Rechtsprechung des neuen *Conseil constitutionnel* keine tragfähige Grundlage für die Entwicklung einer Dogmatik nach deutschem Vorbild. Er wurde nämlich als politische Institution gegründet, um dem Willen *Charles de Gaulles* (1890–1970) Rechnung zu tragen, die Exekutive gegenüber der Legislative zu stärken. Die Bestimmungen, die den Verfassungsrat regelten,[21] ließen kaum einen gerichtlichen Charakter erkennen und gewährten ihm nur begrenzte Zuständigkeiten im Bereich der Verfassungsmäßigkeitskontrolle. Daraus resultieren seine begrenzte Stellung innerhalb der institutionellen Architektur Frankreichs und seine besondere Zusammensetzung, die keine fachjuristische Ausbildung seiner Mitglieder voraussetzt. Da er – mit Ausnahme der Wahlprüfungsverfahren – nicht zur Lösung konkreter Fälle geschaffen worden ist, versteht man auch leicht den geringeren Grad der „Verrechtlichung" sowohl seines Verfahrens als auch seiner Begründungen.

Vor diesem Hintergrund wurden die ersten Entscheidungen des *Conseil constitutionnel* von der juristischen Fachwelt weitgehend ignoriert. *Léo Hamon* (1908–1993) gehörte – neben seinem politischen Engagement in der Résistance und später in der Vierten und Fünften Republik – zu dem kleinen Kreis von Hochschullehrern, die angefangen hatten, die Entscheidungen des *Conseil* zu

---

(2012), S. 1–10; *Matthias Jestaedt/Aurore Gaillet*, Doctrine, dogmatique et Cour constitutionnelle fédérale allemande, in: Samy Benzina/Julien Jeanneney (Hrsg.), La doctrine et le Conseil constitutionnel, Dalloz, Paris 2024, S. 313–338.

[21] Titel VII der Verfassung (Art. 58 ff.) und Ordonnance n° 58-1067 du 7 novembre 1958 *portant loi organique sur le Conseil constitutionnel.*

kommentieren[22] – was umso bemerkenswerter ist, als er 1969 neben *Duverger* einer der Gründer des Fachbereichs Politikwissenschaft (*département de science politique*) an der Sorbonne war. In seinem Kommentar zu den ersten Unzuständigkeitserklärungen des Verfassungsrats versäumte *Hamon* übrigens nicht, darin „eine gefügige Institution" zu erkennen.[23]

Wenn man daher in Frankreich nach einer „Dogmatik" suchte, dann fand man diese nicht in der Verfassungsrechtsprechung, die ein „zu instabiles"[24] Terrain darstellte. Für die französische publizistische Rechtslehre blieb das Verwaltungsrecht zweifellos die „edle" Disziplin. In diesem Bereich des öffentlichen Rechts konnte man eine gewisse Dogmatik erkennen, die aus den engen Verbindungen zwischen der Rechtslehre und der reichhaltigen Rechtsprechung des Staatsrats hervorging.

---

[22] *Olivier Beaud*, Léo Hamon (Fn. 16), S. 13–36; *Patrick Charlot* (Hrsg.), L'œuvre de Léo Hamon, Dalloz, Paris 2012.

[23] *Léo Hamon*, Les juges de la loi. Naissance et rôle d'un contre-pouvoir: le Conseil constitutionnel, Fayard, Paris 1987, S. 9. S. insb. seine Kommentare zu: Entscheidung Nr. 61–1 AUTR vom 14. September 1961, Demande d'avis présentée par le Président de l'Assemblée nationale (recevabilité de la motion de censure) – non-lieu à statuer (note L. Hamon, D., 1963, S. 17); Entscheidung Nr. 62–20 DC vom 6. November 1962, Loi relative à l'élection du Président de la République au suffrage universel direct, adoptée par le référendum du 28 octobre 1962 – incompétence pour statuer (note L. Hamon, D., 1963, S. 398–401).

[24] *Samy Benzina*, La Constitution comme norme et le Tribunal constitutionnel : une œuvre majeure restée dans l'ombre de la doctrine française, in: RDP, Dezember 2025, Nr. 4, S. 142 ff.

2. Die Wende 1971: Auf dem Weg zur Dogmatik?

Ein wichtiger Schritt der französischen Staatsrechtslehre auf dem Weg zur Dogmatik ging, wie gerade festgestellt, nicht auf die Novation der Verfassung im Jahr 1958 zurück, sondern auf eine Entwicklung in der Rechtsprechung. Diese begann mit der Entscheidung des Verfassungsrats aus dem Jahr 1971, mit der er sich für zuständig erklärte, die Einhaltung der Präambel der Verfassung zu kontrollieren. Damit behauptete er sich als neuer Hüter der Grundrechte – und nicht nur als verlängerter Arm der Exekutive. Fortan gehörte es zu seinen Aufgaben, den sogenannten „Verfassungsblock" (*bloc de constitutionnalité*) als Maßstab für die Kontrolle von Gesetzen abzugrenzen und auszulegen.

a) Ein neuer „Trend der Verfassungsprozessualisierung des Verfassungsrechts"

Einerseits war dieser Schritt für die Sprache des Verfassungsrechts wichtig, weil man von diesem Zeitpunkt an von einem „*Trend der Verfassungsprozessualisierung des Verfassungsrechts*"[25] sprechen konnte. Eine zweifache Entwicklung hin zur „Verrechtlichung"[26] ließ sich beobachten.

Für die Rechtspraxis bedeutete dies eine Weiterentwicklung der Rechtsprechung: Mit seinen neuen Kompetenzen hatte der *Conseil constitutionnel* zwangsläufig

[25] *Olivier Beaud*, Léo Hamon (Fn. 16), S. 13–36 (33): « tendance du contentieux constitutionnel ».

[26] *Aida Manouguian*, La juridictionnalisation du droit constitutionnel français. Étude d'un phénomène doctrinal, Dalloz, Paris 2022.

angefangen, eine Grundlage für eine gewisse Verfassungsdogmatik zu entwickeln.

Auf Seiten der Rechtswissenschaft erweckte dies ein neues Interesse an der Rechtsprechung des *Conseil*. Eine neue Sprache brach sich Bahn: eine Sprache, die sich mit dem Verfassungsrecht als einem „von einem Richter sanktionierten Recht"[27] befasste. Das war es, was *Louis Favoreu* (1936–2004), Professor an der Universität Aix-en-Provence, als „neues Verfassungsrecht" bezeichnete,[28] um es besser vom „Politikozentrismus" (*politico-centrisme*) zu unterscheiden.[29] Dieser neue „Rechtsprechungspositivismus", der bisweilen als „dogmatisch"[30] bezeichnet wurde, sollte nun die Entscheidungen des *Conseil* begleiten, indem die Staatsrechtslehre die Entscheidungen kommentierte[31] und sie in Handbüchern und neuen Lehrveranstaltungen darstellte.[32]

---

[27] *Louis Favoreu*, Le droit constitutionnel, droit de la Constitution et constitution du droit, in: RFDC 1990, Nr. 1, S. 71–89 (83); *ders.*, « La constitutionnalisation du droit », in: Jean-Bernard Auby/Jean-Jacques Bienvenu, L'unité du droit, Mélanges en hommage à Roland Drago, Economica, Paris 1996, S. 25–42.

[28] *Louis Favoreu/Patrick Gaïa/Richard Ghevontian/Jean-Louis Mestre/André Roux/Otto Pfersmann/Guy Scoffoni* (Hrsg.), Droit constitutionnel, Dalloz, Précis, Préface à la 1ère éd., Paris 1998.

[29] *Louis Favoreu*, « Le droit constitutionnel, droit de la Constitution et constitution du droit », RFDC, 1990, Nr. 1, S. 71 ff., insb. 79. S. auch: *Jacques Chevallier*, Pour une sociologie du droit constitutionnel, in: L'architecture du droit. Mélanges en l'honneur de Michel Troper, Economica, Paris 2006, S. 281–297 (285).

[30] *Olivier Jouanjan*, Histoire de la science du droit constitutionnel (Fn. 9) S. 69–111 (106–107).

[31] *Louis Favoreu/Loïc Philip*, Les grandes décisions du Conseil constitutionnel, Sirey, 1. Aufl., Paris 1975.

[32] So hielt François Luchaire 1975 eine Vorlesung über den „verfassungsrechtlichen Schutz der Freiheiten" (vgl. *Jordane Arlettaz*,

b) Andauernde Schwächen: eine militante Dogmatik

Andererseits kann diese Spielart von Dogmatik jedoch als „militante Dogmatik" bezeichnet werden.[33] Und dies unterscheidet sie von der deutschen Dogmatik. Durch sie sollte nämlich vor allem die Legitimität sowohl des Verfassungsrats als auch der neuen Fachrichtung „Verfassungsrecht" verteidigt werden. Als „Aktivist des Verfassungsrats"[34] sowie als Hauptvertreter der „Schule von Aix-en-Provence" stützte sich *Favoreu* auf die von ihm begründeten Zeitschriften, auf die von ihm gepflegten Netzwerke – darunter auch internationale – und auf die zahlreichen Dissertationen, die er betreute. Dieser akademische Anspruch wurde innerhalb des *Conseil* insbesondere durch *Georges Vedel* (1910–2002; Mitglied des Verfassungsrats 1980–1989) vertreten.

François Luchaire et le Conseil constitutionnel. L'éternel conseiller, in: Samy Benzina/Julien Jeanneney (Hrsg.), La doctrine et le Conseil constitutionnel, Paris, Dalloz, 2024, S. 91–110 (105–106)). Im Lehrplan der juristischen Fakultäten dauerte es jedoch bis 1997, bis die Bezeichnung „politische Institutionen" („institutions politiques") durch eine einfach als „Verfassungsrecht" bezeichnete Lehrveranstaltung ersetzt wurde.

[33] *Julien Jeanneney*, Générations doctrinales. L'étude des décisions du Conseil constitutionnel, entre bonheurs et infortunes, in: Samy Benzina/Julien Jeanneney (Hrsg.), La doctrine et le Conseil constitutionnel, Dalloz, Paris 2024, S. 155–195 (167 ff.).

[34] S. die Debatte „Le contentieux constitutionnel Essor et légitimation d'une discipline", in: Samy Benzina/Julien Jeanneney (Hrsg.), La doctrine et le Conseil constitutionnel, Dalloz, Paris 2024, S. 205–236, sowie den Beitrag von *Bertrand-Léo Combrade*, Louis Favoreu et le Conseil constitutionnel. Une influence fugace, in: Samy Benzina/Julien Jeanneney (Hrsg.), La doctrine et le Conseil constitutionnel, Dalloz, Paris 2024, S. 111–124.

Das „bricolage de concepts“,[35] welches man in etwa mit dem „Basteln an Begriffen“ übersetzen kann, blieb unsystematisch. Um zu verstehen, inwieweit Grundrechte eine „Ausstrahlungswirkung auf das Recht“ haben könnten, musste man sich – wie es insbesondere *Michel Fromont* (1933–2025) tat – der deutschen Rechtslehre und deren Vertretern zuwenden.[36]

Die Schwierigkeit dieses Teils der französischen Staatsrechtslehre lag – und liegt gewissermaßen immer noch – darin, dass sie versucht, die Legitimität des französischen Modells zu verteidigen, obwohl der *Conseil* in seiner Zusammensetzung und bei der Begründung seiner Entscheidungen weit von den europäischen Standards entfernt war – und noch ist.

c) Eine Sprache, die sich von der deutschen Dogmatik fernhält

Die größte Beschränkung der Entwicklung des französischen Modelles besteht nämlich darin, dass die Entscheidungen des *Conseil* ausgesprochen knapp, unsystematisch und abstrakt gehalten sind – und damit in der Qualität der Begründung kaum zu überzeugen vermögen.[37]

---

[35] So *Olivier Beaud* über Georges Vedel, in: Samy Benzina/Julien Jeanneney (Hrsg.), La doctrine et le Conseil constitutionnel, Dalloz, Paris 2024, S. 87 (Debatte).

[36] *Bertrand Mathieu*, Table ronde. Le contentieux constitutionnel. Essor et légitimation d'une discipline in: Samy Benzina/Julien Jeanneney (Hrsg.), La doctrine et le Conseil constitutionnel, Dalloz, Paris 2024, S. 212.

[37] *Olivier Jouanjan*, Conseil constitutionnel und Bundesverfassungsgericht: zwei verschiedene Modelle der europäischen Verfassungsgerichtsbarkeit, in: Michael Stolleis (Hrsg.), Herzkammern der

Dieses Modell gilt für die französische Justiz insgesamt und beruht auf einer langen Tradition, die im Laufe des 19. Jahrhunderts entstanden ist (die sogar Teil eines revolutionären Erbes ist).[38] Es gilt außerdem insbesondere für den *Conseil constitutionnel.*[39] Zum einen ist sein formeller und abstrakter Stil Erbe der Methoden des Staatsrats, der selbst lange Zeit abstrakt und wenig systematisch gearbeitet hat.[40] Zum anderen ist seine Verfahrensweise nach wie vor von der französischen Kultur des „Legizentrismus" geprägt, die sich auch in der Fünften Republik fortgesetzt hat. Heutzutage sind zwar viele Entscheidungen länger geworden, aber im Falle langer Entscheidungen lässt sich dies oft in erster Linie durch eine ausführliche Wiederholung des Gesetzestextes (*Gegenstand* der Kontrolle) erklären, bevor „Standardformulierungen" (*formules* oder *considérants types*) angeführt werden, die es nicht wirklich ermöglichen, die *Bezugspunkte* seiner Kontrolle systematisch nachzuvollziehen. Seine Entscheidungen bleiben daher oft auf einer abstrakten Ebene, was nicht dazu beiträgt,

---

Republik. Die Deutschen und das Bundesverfassungsgericht, C.H. Beck, München 2001, S. 136–147 (138).

[38] *Fanny Malhière*, La brièveté des décisions de justice (Conseil constitutionnel, Conseil d'Etat, Cour de cassation), Dalloz, Paris 2013, Rn. 58, 61, 140. Vergleichend mit der deutschen Tradition spricht Claus Dieter Classen von einem „Kulturschock": *Claus Dieter Classen*, Der Richter zwischen Dialog und Entscheidung, in: JZ 80 (2025), S. 581–588 (585).

[39] *Ruth Weber*, Der Begründungsstil von Conseil constitutionnel und Bundesverfassungsgericht. Eine vergleichende Analyse der Spruchpraxis, Mohr Siebeck, Tübingen 2019.

[40] *Véronique Champeil-Desplats*, Doctrines administrativiste et doctrine constitutionnaliste: questions de méthode, in: REJIE – Revista Jurídica de Investigación e Innovación Educativa 11 (2015), S. 9–24.

dass sich die Rechtswissenschaft systematisch mit seinen Methoden beschäftigt.

Als Beispiel für das oft kritisierte „Defizit an Rationalität"[41] in den Entscheidungen des *Conseil* kann die Judikatur zum Gleichheitsgrundsatz angeführt werden: Während die deutsche Verfassungsrechtsprechung insoweit just als ein „instruktives Beispiel einer weit fortgeschrittenen Dogmatisierung"[42] gilt, wird die französische Verfassungsrechtsprechung umgekehrt für ihre Vagheit und Unbestimmtheit kritisiert.[43]

Wenngleich diese allgemeinen Beobachtungen nach wie vor und selbst nach der Einführung der konkreten Normenkontrolle im Jahr 2008 Geltung beanspruchen,[44] dürfen Entwicklungen nicht übersehen werden: Mit der zunehmenden Verdichtung der Rechtspraxis müssen die Begründungen und Abgrenzungen genauer werden, und die Rechtswissenschaft (sowie die Anwaltschaft) werden dem Gericht zunehmend eine gewisse Konsistenz abver-

---

[41] *Denis Baranger*, La jurisprudence constitutionnelle française : méthode ou bricolage ?, in: Samy Benzina/Julien Jeanneney (Hrsg.), La doctrine et le Conseil constitutionnel, Dalloz, Paris 2024, S. 239–262.

[42] *Uwe Volkmann*, Die Dogmatisierung des Verfassungsrechts, in: JZ 75 (2020), S. 965–975 (969). Die Grundlagen bereits in BVerfGE 55, 72 (88 f.); entscheidend weiterentwickelt dann durch BVerfGE 88, 87 (96 ff.) und BVerfGE 129, 49 ff.

[43] *Olivier Jouanjan*, Logiques de l'égalité, Conseil constitutionnel, *Titre VII*, Nr. 4, 2020, abrufbar unter: https://www.conseil-constitutionnel.fr/publications/titre-vii/logiques-de-l-egalite.

[44] *Guillaume Drago,* Le contentieux constitutionnel (Fn. 16), S. 235: „Der Verfassungsrat hat weder sein Format noch seine institutionelle Dimension grundlegend verändert, noch hat er seine Zusammensetzung, seine ursprüngliche Organisation, seine Beratungsweise, seine Redaktionsweise oder die Begründung seiner Entscheidungen wesentlich geändert." (Übers. der Verf.)

langen. Das Entwicklungspotenzial der Sprache des französischen Verfassungsrechts darf daher nicht unterschätzt werden.

Zusammenfassend lässt sich Folgendes feststellen: Einerseits spiegeln sich „in den methodischen Divergenzen zwischen Bundesverfassungsgericht und *Conseil constitutionnel* im europäischen Kontext zwei grundverschiedene Rechtskulturen wider“[45]. Andererseits können jedoch beide Rechtskulturen von einer gegenseitigen Annäherung profitieren.

III. Diesseits und jenseits der Dogmatik: die Beiträge einer deutsch-französischen Rechtsvergleichung für die Staatsrechtslehre

Die Frage, ob es in Deutschland möglich ist, eine Rechtssprache „jenseits der Dogmatik“ zu denken, veranlasst ausländische Rechtsvergleicher dazu, ihre eigenen juristischen Methoden und ihre Rechtssprache zu hinterfragen. Angesichts des wenig entwickelten Standes der französischen Dogmatik stellt sich die Frage, was diese von der deutschen Dogmatik lernen kann: Es geht sozusagen darum, *mit* der deutschen Dogmatik *jenseits der französischen Dogmatik* zu denken (1).

Wenn sie eine kritische und konstruktive Stimme erhebt, beschränkt sich die französische Staatsrechtslehre dennoch nicht darauf, das Fehlen einer systematischen Dogmatik zu bedauern. Im Gegenteil verfügt sie über viele

[45] *Olivier Jouanjan*, Conseil constitutionnel und Bundesverfassungsgericht (Fn. 37), S. 145.

weitere Ressourcen – „Sprachangebote", mit den Worten von *Fabian Michl*.[46] Man kann dann auch über die deutsche Dogmatik hinausdenken, sie mit den französischen Sprachen der Staatsrechtslehre bereichern (2).

1. Was die Franzosen von den Deutschen lernen können: die erwünschte Dogmatik – jenseits der Dogmatik à la française

a) Die Vorteile der deutschen Dogmatik

In Deutschland wird die Dogmatik nicht nur kritisiert: „Die Vorteile ergeben sich im Wesentlichen aus der Systematisierungs- und Rationalisierungsfunktion, die der Dogmatik – oder jedenfalls guter Dogmatik – allgemein zugeschrieben wird".[47] Die Vorteile der Grundrechtsdogmatik zeigen sich z. B. besonders deutlich in der Anwendung des Grundsatzes der Verhältnismäßigkeit: In Frankreich wird oft der Eindruck der Willkür bedauert, der sich aus dem Fehlen präziser Anhaltspunkte, eines „Leitfadens" zum Verständnis des Entscheidungsprozesses des Verfassungsgerichts ergibt.[48]

---

[46] *Fabian Michl*, Die Sprachen der Staatsrechtslehre – jenseits der Dogmatik, in diesem Band, S. 1–42 (28 ff.).

[47] *Uwe Volkmann*, Die Dogmatisierung des Verfassungsrechts (Fn. 42), S. 972; *Christian Waldhoff*, Kritik und Lob der Dogmatik, in: Gregor Kirchhof/Stefan Magen/Karsten Schneider (Hrsg.), Was weiß Dogmatik? Was leistet und wie steuert die Dogmatik des Öffentlichen Rechts?, Mohr Siebeck, Tübingen 2012, S. 17–37 (21 ff.).

[48] *Thomas Hochmann*, Un succès d'exportation : la conception allemande du contrôle de proportionnalité, in: AJDA 14 (2021), S. 805 ff.; *Dieter Grimm*, Proportionality in Canadian and German Constitutional Jurisprudence, in: University of Toronto Law Journal 57 (2007), S. 383–397.

In der heutigen Zeit, in der Fragen der „Kommunikation“[49] der Gerichte immer wichtiger werden, kann darüber hinaus die Verständlichkeit der Sprache der Gerichte für verschiedene „Zielgruppen“ von Interesse sein. Hinsichtlich der Öffentlichkeitsarbeit und der Beziehung zu den Bürgern erlaubt die Dogmatik die Begrenzung richterlicher Spielräume.[50] Erforderlich sind Entscheidungen auf der Basis von Objektivität und Recht, nicht Subjektivität und Politik – was wiederum zur Legitimität und Autorität des Gerichts beiträgt: Ist es nicht das, was in Frankreich wegen seines Fehlens oft für den *Conseil constitutionnel* bedauert wird? Was seine Beziehungen zu anderen nationalen und europäischen Gerichten betrifft, tragen seine eher sibyllinisch formulierten und abstrakten Gründe nicht zum Verständnis seiner Gedankengänge bei.[51]

b) Die Möglichkeit der französischen Staatsrechtslehre

Das „jüngste Entstehen einer Generation, die gegenüber dem Verfassungsrat kritischer und distanzierter ist“,[52]

---

[49] *Carolina Cerda-Guzman/Anna Maria Lecis Cocco Ortu* (Hrsg.), La communication des cours constitutionnelles en perspective comparée, in: RFDC, Nr. 44, 2025.

[50] *Dieter Grimm,* Eine unpolitische Verfassungsgerichtsbarkeit gibt es nicht, in: ders./Christoph König, Lektüre und Geltung, Zur Verstehenspraxis in der Rechtswissenschaft und in der Literaturwissenschaft, Wallstein, Göttingen 2020, S. 154.

[51] *Aurore Gaillet,* Hindernisse für die transnationale Rechtskommunikation – ein Blick aus Frankreich, in: Anna-Bettina Kaiser/Ann-Katrin Kaufhold/Franz Reimer/Jakob Schemmel/Thomas Wischmeyer (Hrsg.), Über Recht sprechen, Mohr Siebeck, Tübingen 2025, S. 37–49.

[52] *Samy Benzina,* La Constitution comme norme et le Tribunal

sollte nicht unterschätzt werden. Zwar kann die Staatsrechtslehre auf die (politische) Zusammensetzung und die (begrenzte) Begründung der Entscheidungen des *Conseil* selbst nur geringfügig Einfluss nehmen. Es hindert sie jedoch nicht daran, über die Entwicklung der Sprachen der Rechtslehre nachzudenken. In dieser Hinsicht kann der Blick auf die deutsche Dogmatik eine kritische und sogar „subversive" Funktion[53] ausüben.

Das ist beispielsweise die Absicht von *Denis Baranger*, wenn er die Rechtswissenschaft dazu auffordert, ihre Arbeit zu den „Methoden des Richters" selbst zu vertiefen. Dies ermöglicht ihm etwa, systematisch die Unzulänglichkeiten der „französischen Art der Verfassungsrechtsprechung" aufzuzeigen.[54]

Dies könnte mit einer Anpassung der Juristenausbildung begleitet werden, die in Frankreich nach wie vor sehr theoretisch ist. Bei einer Tagung im Jahr 2023 konnte *André Roux* sich noch auf seine Vorlesung im Verfassungsrecht beziehen und zusammenfassen: „Die Republik überall, der Verfassungsrat nirgendwo"[55]. Was in den 1990er Jahren galt, gilt in gewisser Hinsicht auch heute noch: fast keine Falllösung – konkrete Lösungen für konkre-

---

constitutionnel : une œuvre majeure restée dans l'ombre de la doctrine française, in: RDP, Dezember 2025, Nr. 4, S. 142 ff.

[53] *Horatia Muir-Watt*, La fonction subversive du droit comparé, in: Revue internationale de droit comparé 2000, S. 503–527.

[54] *Denis Baranger*, Sur la manière française de rendre la justice constitutionnelle, in: Jus Politicum, Nr. 7, 2012, S. 1–38; *ders.*, La jurisprudence constitutionnelle française (Fn. 41), S. 239 ff.

[55] *André Roux*, Table ronde. Le contentieux constitutionnel. Essor et légitimation d'une discipline, in: Samy Benzina/Julien Jeanneney (Hrsg.), La doctrine et le Conseil constitutionnel, Dalloz, Paris 2024, S. 210.

te Rechtsfragen („Gebrauchsdogmatik" [*Anna-Bettina Kaiser*]) –, stattdessen noch viele *Dissertations*(Aufsätze), die die Vermittlung von abstraktem Wissen mobilisieren. Die 2008/2010 erfolgte Einführung der konkreten Normenkontrolle (*question prioritaire de constitutionnalité – QPC*), die den Erwerb praktischer Kenntnisse im Verfassungsrecht (insbesondere für zukünftige Rechtsanwälte und Richter) voraussetzt, bedeutet jedoch bereits eine Bereicherung der Ausbildung. Darüber hinaus müssen Übungen und Kenntnisse generell an eine Welt angepasst werden, in der künstliche Intelligenz eine immer größere Rolle spielt.

Bei all diesen Fragen beginnt sich die Ausbildung zwar zu verändern und anzupassen; die dogmatische deutsche Sprache kann aber der Methode des französischen Verfassungsrechts weitere wertvolle Impulse vermitteln. Ohne sich vollständig vom historischen Einfluss des Verwaltungsrechts und des Staatsrats zu entfernen – der heutzutage selbst konkreter verfährt –, kann eine französische Betrachtung der deutschen Dogmatik die Entwicklung von eigenen Methoden und Sprachen des Verfassungsrechts begleiten.

2. Was die Deutschen von den Franzosen lernen können: die Bereicherung der Sprachen der Staatsrechtslehre jenseits der Dogmatik

Die deutsche Dogmatik hat nicht nur Vorteile, wie *Fabian Michl* deutlich macht. Für *Peter Häberle* erreichte hingegen bereits „der *Conseil constitutionnel* in Paris mit seiner Clarté, Prägnanz, ja Eleganz den Bürger rational leichter als das deutsche BVerfG" und das deutsche „Verfassungsrichterrecht".[56] Mehr noch als in der Sprache des französischen Verfassungsrats kann die deutsche Staatsrechtslehre zahlreiche „Sprachangebote" (*Michl*) in der französischen Staatsrechtslehre finden.

Wie der Verwaltungsrechtler *Benoît Plessix* treffend beschreibt, ist im Verfassungsrecht die Tendenz zum Rechtsprechungspositivismus jüngeren Datums als im Verwaltungsrecht. Der Jurist, der sich für andere Sprachen interessiert, kann daher auf einen „alten, reichhaltigen Grundstock an Sprachen zurückgreifen, den der rechtsprechungsorientierte Ansatz nie abgeschafft hat".[57] Vergleicht man dies nun mit dem deutschen Verfassungsrecht, so kann man feststellen, wie sehr die politische Philosophie, die Verfassungsgeschichte, die Politikwissenschaft und die Rechtsvergleichung in Frankreich nicht nur zu den der Dogmatik vorgelagerten und gewissermaßen von dieser überlagerten „Grundlagen" zählen, sondern seit jeher integraler Bestandteil des Studienprogramms des Verfassungsrechts sind.

Was insbesondere die Verfassungsrechtslehre betrifft, so lassen sich mehrere „Schulen" (*écoles*) unterscheiden, die vielleicht stärker als in Deutschland als solche wahrgenommen werden.[58] Ihre Dynamik bereichert die

[56] *Peter Häberle*, Das Verständnis des Rechts als Problem des Verfassungsstaates, in: Rechtshistorisches Journal 20 (2001), S. 602–611, auch in: Kent D. Lerch (Hrsg.), Die Sprache des Rechts, Bd. I: Recht verstehen. Verständlichkeit, Missverständlichkeit und Unverständlichkeit von Recht, Walter de Gruyter, Berlin 2004, S. 155–165 (164).

[57] *Benoît Plessix*, Constitutionnalistes et administrativistes face à leurs juges, in: Samy Benzina/Julien Jeanneney (Hrsg.), La doctrine et le Conseil constitutionnel, Dalloz, Paris 2024, S. 282–302 (294).

[58] Siehe z. B. *Xavier Magnon*, Quelles doctrines constitutionnelles aujourd'hui pour quel(s) droit(s) constitutionnel(s) demain? Syn-

Rechtssprache über die Schule von Aix-en-Provence und den von *Favoreu* initiierten Anspruch, Verfassungsrecht als richterliches Verfassungsrecht zu begreifen, hinaus.

a) Das politische Denken

Zu nennen ist beispielsweise das sogenannte „politische Denken" im Zusammenhang mit der Zeitschrift *Jus Politicum*, herausgegeben von den Professoren *Olivier Beaud* und *Denis Baranger* vom Institut Villey der Universität Paris II. Die fünf von *Fabian Michl* vorgestellten Themen, die „die Grenzen der Dogmatik sprengen" (Offenheit, Ausdifferenzierung, Rechtserzeugung, Realbereich und Demokratisierung) haben gemeinsam, dass sie die soziale und politische Verankerung des Verfassungsrechts sichtbar und verfassungsrechtswissenschaftlich diskutierbar machen. Die französische Rechtswissenschaft, die sich mit Institutionen und Schlüsselbegriffen wie Demokratie, Gewaltenteilung, Souveränität und Staatsbürgerschaft auseinandersetzt, kann somit auch neue Perspektiven eröffnen. Für das französische Recht ist diese Bemühung insofern von Interesse, als sie dazu anregt, diese Konzepte weniger oberflächlich zu betrachten. Wie lassen sich Recht und Politik besser miteinander verbinden, um diese Konzepte zu präzisieren?

Um das Beispiel der Demokratie zu nehmen: Einerseits ist die Fähigkeit der Deutschen, ein juristisches Konzept dafür zu entwickeln, für die Franzosen, die ihr Verfas-

thèse, in: ders./Stéphane Mouton (Hrsg.), Quelles doctrines constitutionnelles aujourd'hui pour quel(s) droit(s) constitutionnel(s) demain?, Mare & Martin, Paris 2022, S. 427–439.

sungsdenken weiterentwickeln möchten, anregend.[59] Andererseits könnten Deutsche, die die hochdifferenzierte, wenig flexible Grundrechtsdogmatik kritisieren und eine stärkere Betonung der formalen Dimension der Demokratie fordern (mit Akzent auf der Kontrolle von Kompetenzen und Verfahren und auf den wesentlichen Grundsätzen der öffentlichen Diskussion),[60] Interesse an den französischen Überlegungen zum politischen Recht finden. Eigentlich ist bekannt, dass der Gedanke des Staates und der demokratischen Theorie in Deutschland nie abwesend war.[61] Die Schriften von *Ernst-Wolfgang Böckenförde* (1930–2019), *Dieter Grimm* oder *Christoph Möllers* sind hierfür sehr gute Beispiele. Es ist übrigens nicht verwunderlich, dass sie sich selbst für das französische Denken interessier(t)en und dass umgekehrt die Zeitschrift *Jus Politicum* ein Forum für die Übersetzung und Diskussion ihrer Werke ist.

---

[59] *Claus Dieter Classen*, La notion constitutionnelle de démocratie en Allemagne et en France. Remarques sur la concrétisation d'une notion ouverte dans l'espace juridique européen, in: Jus Politicum, Nr. 18, 2017, abrufbar unter: https://www.juspoliticum.com/articles/La-notion-constitutionnelle-de-democratie-en-Allemagne-et-en-France-Remarques-sur-la-concretisation-d-une-notion-ouverte-dans-l-espace-juridique-europeen; *Aurore Gaillet*, La Cour constitutionnelle fédérale allemande. Reconstruire une démocratie par le droit (1945–1961), La Mémoire du Droit, Paris 2021, S. 309 ff.

[60] *Oliver Lepsius*, Rechtswissenschaft in der Demokratie, Der Staat 52 (2013), S. 157–186.

[61] *Dieter Gosewinkel*, Histoire et historiographie de l'Etat en France et en Allemagne, in: Alain Chatriot/Dieter Gosewinkel (Hrsg.), Figurationen des Staates in Deutschland und Frankreich 1870–1945 – Les Figures de l'Etat en Allemagne et en France, Walter de Gruyter, Berlin 2006, S. 19–32.

Um mit dem Beispiel der Verfassungsgerichtsbarkeit fortzufahren, könnte das französische Beispiel auch für Deutsche interessant sein, die sich vom Bundesverfassungsgerichtspositivismus distanzieren möchten. Dies gilt insbesondere heute, wo der „politische Konstitutionalismus" gegenüber dem rein „juristischen Konstitutionalismus" neue Befürworter findet. Das französische Modell der Verfassungsgerichtsbarkeit, das mehr Spielraum für Flexibilität und Ermessen für den Gesetzgeber lässt, kann somit die Überlegungen zur Aufgabenteilung zwischen Gesetzgeber und Verfassungsgerichtsbarkeit bereichern.

b) Das theoretische Denken

Ebenso gibt es in Frankreich eine Tradition des theoretischen Denkens. Parallel zu der Verfassungs(rechts)theorie, die von *Fabian Michl* thematisiert wurde, gibt es Ideen, die in den theoretischen Überlegungen der französischen Rechtswissenschaft zu finden sind, insbesondere in der realistischen Interpretationstheorie, die von *Michel Troper* in Nanterre initiiert wurde. Er verwendet sogar den Begriff Dogmatik, um die „unbestreitbare Notwendigkeit einer Theorie auf einer höheren Abstraktionsebene als der [...] der reinen Verfassungsdogmatik" zu unterstreichen:[62]

[62] *Michel Troper*, Droit constitutionnel et théorie générale de l'État, in: ders./Dominique Chagnollaud (Hrsg.), Traité international de droit constitutionnel, vol. 1, Dalloz, Paris 2012, S. 197–225 (201): „Es besteht heute zweifellos Bedarf an einer Theorie, die auf einer höheren Abstraktionsebene angesiedelt ist als die Verfassungsrechtswissenschaft eines einzelnen Landes oder die reine Verfassungsdogmatik, aber gleichzeitig herrscht große Unsicherheit über die Struktur dieser Theorie." (Übers. der Verf.)

eine theoretische Leistung, die eine Voraussetzung für die praktische Anwendung des Rechts ist. Bei dem Disput in der deutschen Staatsrechtslehre, ob Raum für eine selbständige Verfassungstheorie (z. B. *Jestaedt, Kaiser, Lepsius, Michl*) besteht oder ob sie unselbständiger Teil der Verfassungsdogmatik ist (insbes. *Volkmann*), könnte der *Tropersche* Ansatz wichtige Hinweise geben, wie sich eine auch für die Praxis relevante Theorie denken lässt, die nicht sogleich Dogmatik ist.

c) Die lange Tradition der Rechtsvergleichung

Darüber hinaus bleibt die französische komparatistische Tradition dynamisch – sowohl, was die Vergleichung in der Zeit (Rechtsgeschichte bzw. historische Vergleichung), als auch, was jene im Raum (Rechtsvergleichung) betrifft. Dies gilt schon für das Verwaltungsrecht: *Michel Fromont*, Pionier der deutsch-französischen vergleichenden Rechtswissenschaft,[63] hatte sich schon in die Tradition von *Jean Rivero* (1910–2001) und dessen *Cours de droit administratif comparé* eingeschrieben. Was das Verfassungsrecht betrifft, so können wir uns daran erinnern, dass sich derselbe Gesprächskreis „Grundlagen des Öffentlichen Rechts" für die „Renaissance der Verfassungsrechtsvergleichung" im Jahr 2021 in Mannheim interessiert hatte. *Susanne Baer* und *Armel Le Divellec* waren sich darin einig: In Deutschland ist Verfassungsvergleichung eher schwach ausgeprägt,[64] in Frankreich hingegen hat die französische

[63] *Michel Fromont*, Droit administratif des États européens, PUF, Paris 2006.

[64] *Susanne Baer*, Renaissance der Verfassungsvergleichung?, in:

Verfassungsrechtswissenschaft immer stark rechtsvergleichend gearbeitet,[65] und dieser „Reflex" hat bereits mit *Esmein* Ende des 19. Jahrhunderts angefangen.[66]

Eine Kombination aus historischer und vergleichender Methode gilt immer noch als ebenso prägend wie kennzeichnend für die französischen Lehrbücher, Vorlesungen[67] und Tagungen, was wiederum einen Einfluss auf die Art und Weise hat, wie die Staatsrechtslehre das Verfassungsrecht denkt.

---

dies./Armel Le Divellec/James Fowkes, Renaissance der Verfassungsvergleichung?, Mohr Siebeck, Tübingen 2023, S. 1–43 (12); s. auch *Armin von Bogdandy*, Wissenschaft vom Verfassungsrecht. Vergleich, in: Armin von Bogdandy/Pedro Cruz Villalon/Peter-Michael Huber (Hrsg.), Handbuch Ius Publicum Europaeum, Bd. II, C. F. Müller, Heidelberg 2008, § 39 Rn. 87.

[65] *Armel Le Divellec*, Renaissance der Verfassungsvergleichung? (Kommentar), in: Susanne Baer/Armel Le Divellec/James Fowkes, Renaissance der Verfassungsvergleichung?, Mohr Siebeck, Tübingen 2023, S. 45–81 (48, 56). S. ergänzend: *Marie-Claire Ponthoreau*, Droit(s) constitutionnel(s) comparé(s), Economica, Paris 2010.

[66] *Armel Le Divellec*, Renaissance der Verfassungsvergleichung? (Fn. 65), S. 56. Das erste namhafte französische Lehrbuch des Verfassungsrechts von Adhémar Esmein war weitgehend vergleichend konzipiert; zu Esmein: *Thierry Rambaud,* Adhémar Esmein et le droit comparé, in: Stéphane Pinon/ Pierre-Henri Prélot (Hrsg.), Le droit constitutionnel d'Adhémar Esmein, LGDJ, Paris 2009, S. 71–83. Siehe auch *Laura Jung*, Verfassungsvergleichung als Postulat. Eine deutsch-französische Wissenschaftsgeschichte seit 1870, Mohr Siebeck, Tübingen 2022.

[67] *Véronique Champeil-Desplats*, Méthodologie du droit (Fn. 3), S. 218 ff.: „Nur wenige Lehrbücher zum französischen Verfassungsrecht verzichten auf einen Überblick über die Geschichte des französischen Verfassungsrechts und die Untersuchung der ‚großen' ausländischen Verfassungssysteme." (Übers. der Verf.)

IV. Sinn und Zweck einer vielfältigen Sprache (Schlussbemerkungen)

Was bringen uns letztlich diese verschiedenen Sprachangebote?

Einerseits können kritische Stimmen einwenden, dass konkrete Folgen oder direkte Vorteile der intensiven Befassung mit dem ausländischen Recht oder der Verfassungsgeschichte in Frankreich manchmal schwer zu identifizieren sind. Dasselbe gilt insgesamt für den Austausch mit anderen Wissenschaftsdisziplinen,[68] der oft eher ein Nebeneinander als ein wirklicher interdisziplinärer Austausch ist.

Andererseits gibt es immer mehr Rechtswissenschaftler, die eingehend mit Kenntnissen aus anderen Disziplinen arbeiten, z. B. diejenigen, die sich mit empirischen Methoden beschäftigen.[69] Interessanterweise arbeiten sie auch ohne Rücksicht auf nationale Grenzen, was es ermöglicht, unterschiedliche Methoden und Sprachen miteinander zu verbinden. Als Beispiele können hier jüngste Netzwerke, Vereinigungen oder Zeitschriften genannt werden: *European Society for Empirical Legal Studies* (gegründet

---

[68] *Xavier Dupré de Boulois/Aurélia Friès-Flaubert/Mathilde Lopez-Derouault* (Hrsg.), Les frontières disciplinaires du droit public – Regards critiques et interdisciplinaires, Mare & Martin, Paris 2025.

[69] Siehe insbesondere die Schriften von *Julien Bétaille*, z.B.: From Doctrine to Data: Towards an Empirical Turn in European Legal Scholarship?, in: European Journal of Empirical Legal Studies 2025, vol. 2 (Nr. 1), S. 1–13. S. auch: *Matthieu Gaye-Palettes*, De la donnée aux faits. Quelques fondements théoriques de l'empirisme en droit, in: Revue interdisciplinaire d'études juridiques 2025, Nr. 95 (2), S. 3–27.

2022)[70] oder *Comparative Constitutional Studies* (gegründet 2023)[71]. Rechtsgeschichte und -vergleichung sind ihrerseits wichtig für die Bildung der Verfassungstheorie. Und Verfassungstheorie kann auch dazu einladen, nicht in einer Beobachtungsposition zu bleiben (*Michl*), sondern die Entwicklung der Gesellschaft zu begleiten: Die aktuelle Tendenz der Fragmentierung der Gesellschaft ist eine demokratische Frage, die die Juristen ernst nehmen sollten,[72] wozu die Bereicherung ihrer Sprache und Methode beitragen kann.

„An den Gesprächen im Dazwischen [zwischen diesseits und jenseits der Dogmatik] muss sich [also] die gesamte *community* des Öffentlichen Rechts beteiligen können" (mit den Worten von *Fabian Michl*). Dazu sollte man noch die *Europäische Gemeinschaft* der Juristen hinzufügen. Auch wenn nach wie vor in der Gerichts- und Wissenschaftskultur große Unterschiede bestehen, hindert es

---

[70] Abrufbar unter: https://esels.eu/.

[71] Abrufbar unter: https://www.elgaronline.com/view/journals/ccs/ccs-overview.xml: „Ihr Schwerpunkt liegt insbesondere auf diskursiven, analytischen und kritischen Forschungsmethoden aus der Rechtstheorie, qualitativen empirischen Methoden in Verbindung mit historiografischen, kontextuellen und sozio-rechtlichen Ansätzen sowie anderen kritischen Perspektiven". (Übers. der Verf.) – S. bereits *Ran Hirschl*, From Comparative Constitutional Law to Comparative Constitutional Studies, in: Comparative Matters, Oxford Academic Book, Oxford 2014, S. 151–191. In diesem Sinne siehe auch *Michel Maille*, Le droit constitutionnel et les sciences sociales, in: RDP 1984, S. 295; oder noch die neue Zeitschrift *Comparative Constitutional Studies* (erscheint seit dem Jahr 2023).

[72] *Uwe Volkmann*, Demokratie und Vernunft. Zugleich ein Beitrag über den Zusammenhang von politischer Theorie und Verfassung. Schönburger Gespräche zu Recht und Staat, Mohr Siebeck, Tübingen 2024.

uns nicht daran, gemeinsam über die Juristenausbildung im öffentlichen Recht, über die Beziehungen zwischen Staatsrechtslehre und Rechtsprechung sowie über die Entwicklung unserer Sprachen, *mit* und *jenseits* der Dogmatik nachzudenken. Neben und mit dem „europäischen Verfassungsgerichtsverbund" entwickelt sich solcherart der europäische Staatsrechtslehrerverbund.